高山正也・植松貞夫　監修

現代図書館情報学シリーズ…9

三訂

情報資源組織論

田窪 直規

［編著］

飯野 勝則・小林 康隆・原田 智子
山﨑 久道・渡邊 隆弘

［著］

樹村房

監修者の言葉

　わが国に近代的な図書館学が紹介されたのは19世紀末頃と考えられるが，図書館学，図書館情報学が本格的に大学で教育・研究されるのは1950年に成立した図書館法による司書養成制度を受けての1951年からであった。それから数えても，既に半世紀以上の歴史を有する。この間，図書館を取り巻く社会，経済，行政，技術等の環境は大きく変化した。それに応じて，図書館法と図書館法施行規則は逐次改定されてきた。その結果，司書養成科目も1950年の図書館法施行規則以来数度にわたって改変を見ている。

　それは取りも直さず，わが国の健全な民主主義発展の社会的基盤である図書館において，出版物をはじめ，種々の情報資源へのアクセスを保証する最善のサービスを提供するためには，その時々の環境に合わせて図書館を運営し，指導できる有能な司書の存在が不可欠であるとの認識があるからに他ならない。

　2012（平成24）年度から改定・施行される省令科目は，1997年度から2011年度まで実施されてきた科目群を基礎とし，15年間の教育実績をふまえ，その間の図書館環境の変化を勘案し，修正・変更の上，改めたものである。この間に，インターネット利用の日常生活への浸透，電子メールやツイッター，ブログ等の普及，情報流通のグローバル化，電子出版やデジタル化の進展，公的サービス分野での市場化の普及などの変化が社会の各層におよび，結果として図書館活動を取り巻く環境や利用者の読書と情報利用行動等にも大きな構造的な変化をもたらした。この結果，従来からの就職市場の流動化や就業構造の変化等に伴い，司書資格取得者の図書館への就職率が大きく低下したことも率直に認めざるを得ない。

　このような変化や時代的要請を受けて，1997年版の省令科目の全面的な見直しが行われた結果，新たな科目構成と単位数による新省令科目が決定され，変化した図書館を取り巻く環境にも十分適応できるように，司書養成の内容が一新されることとなった。そこで，樹村房の「新・図書館学シリーズ」もその改定に合わせ内容を全面的に改編し，それに合わせて，「現代図書館情報学シリーズ」と改称して新発足することとなった。

iv

　「図書館学シリーズ」として発足し，今回「現代図書館情報学シリーズ」と改めた本教科書シリーズは，幸いにして，1981（昭和56）年の創刊以来，樹村房の教科書として抜群の好評を博し，実質的にわが国図書館学，図書館情報学の標準的教科書として版を重ねてきた実績をもつ。これもひとえに，本シリーズをご利用いただいた読者各位からのご意見やお励ましと，執筆者各位の熱意の賜物と考えている。

　監修にあたって心がけたのは，この「現代図書館情報学シリーズ」で司書資格を得た人たちが図書館で働き続ける限り，その職能観の基礎として準拠しうる図書館情報学観を習得してもらえる内容の教科書を作ろうということであった。すなわち，「図書館学は実学である」との理念のもとに，アカデミズムのもつ概念的内容とプロフェッショナリズムのもつ実証的技術論を融合することであった。そのこと自体がかなり大きな課題となるとも想定されたが極力，大学の学部課程での授業を想定し，その枠内に収まるように，その内容の広がりと深さを調整したつもりである。一方で，できる限り，新たな技術や構想等には配慮し，養成される司書が将来志向的な視野を維持できるよう努力したつもりでもある。これに加えて，有能な司書養成のために，樹村房の教科書シリーズでは各巻が単独著者による一定の思想や見方，考え方に偏重した執筆内容となることを防ぐべく，各巻ともに，複数著者による共同執筆の体制をとることで，特定の思想や価値観に偏重することなく，均衡ある著述内容となることをこのシリーズにおいても踏襲している。

　本シリーズにおける我々の目標は決して学術書として新規な理論の展開を図ることではない。司書養成現場における科目担当者と受講者の将来の図書館への理想と情熱が具体化できる教材を目指している。その意味で，本シリーズは単に司書資格取得を目指す学生諸君のみならず，現職の図書館職員の方々や，図書館情報学を大学（院）等で研究する人たちにも役立つ内容をもつことができたと自負している。読者各位からの建設的なご意見やご支援を心からお願い申し上げます。

　　2011年2月

　　　　　　　　　　　　　　　　　　　　　　　　　　　　　監 修 者

三訂の序

　本書は司書養成の省令科目「情報資源組織論」（必須科目）の教科書である。本書の初版は2011年３月に刊行され，改訂版は2016年３月に刊行された。改訂版では，世界的に採用されつつある RDA という目録規則，書誌データや典拠データなどの LOD 化，MARC フォーマットの後継として開発が進む BIB-FRAME などといった，初版以降のこの世界の動きを取り込んだのだが，改訂版がとりわけこの年になったのは，2014年12月に刊行された『日本十進分類法 新訂10版』の内容に，いち早く対応するためであった。

　今回の三訂版も，変化の速いこの世界の動きを取り込むという側面はあるものの，とりわけ2020年３月に刊行することになったのは，2018年12月に刊行された『日本目録規則 2018年版』の内容に，いち早く対応するためである。

　日本十進分類法の新版は，マイナー・チェンジというレベルのものであったが，日本目録規則の新版は，フル・モデル・チェンジというべきものである。この新版は FRBR（書誌レコードの機能要件）に基づき，同じくこれに基づく RDA との互換性を意識したものであり，旧版とは目録法に対する考え方が根本的に異なる。そのため，旧版との比較やアナロジーが効きにくい。何しろ，「記入」「標目」「書誌記述」など，旧来の目録法を支えてきた重要用語が基本的に使用されなくなっているのである。しかも，出力形式（書誌データの表示形式）に対する定めがないので，新規則に基づくとどのような書誌データが作られるのかの具体的なイメージも把握しづらい。

　したがって，この分野を専門としないのにこの分野を教えることになってしまった教員や，この分野を再勉強するための読者は，なまじ旧版の考え方に親しんでいるだけに，面食らうことになろう。この点，旧版を知らない初学者には，新規則で作成される書誌データのイメージをつかみづらいのは難点になろうが，今回の変更の影響は比較的少ないと思われる。

　本書は教科書という位置づけのものなので，初学者を意識して丁寧に記されている。目録法の章である２章も同様であるし，念のために書誌データの作成例も付録として掲載されている。だから，本書をじっくり読みさえすれば，初

学者も再勉強のための読者も，少々難解な新しい目録法の考え方を理解できる
はずである。また，この分野を専門としない教員も，新しい目録法について学
生に講釈できるようになるはずである（講釈を助けるという意味もあり，脚注
は豊富である）。

　前版に引き続き，この版も目録法の章の直後の３章に，情報技術の章を持っ
てきた。ここでは主に，書誌データに関連する情報技術を扱うので，目録法の
章と接続が良いと考えたからである。内容は一新され，丁寧な説明が心掛けら
れている。

　４章から６章は主題組織法に関する章であるが，特に６章では，目録法の新
用語とこの分野の用語との対応関係がわかるよう工夫されている。例をあげよ
う。目録法の世界で「標目」という用語は基本的に使用されなくなったが，そ
の一方で，主題組織法の世界ではこの用語が使用されている。そのため，６章
では目録法の新用語と「標目」「件名標目」などの主題組織法の用語との対応
関係が記されている。

　その他，「索引・抄録」の章である８章も抜本的に改められ，情報資源組織
という立場からこれらをどう考えるかが，より明確になっている。

　本書の各執筆者には，初版以来次の２点を求めている。

　　• 専門学校ではなく，大学の教科書なので，体系性や理論性を重視する。
　　• 初学者が理解でき，この分野を専門としない教員も使用できるものとする。

　この２点をどう解釈するかは，各執筆者にゆだねられている面もあるが，こ
れらの要件を満たすよい教科書に仕上がったと喜んでいる。

　なおこの版では，同義語のある専門用語は，原則として，初出時に「○○／
××」のパターン（例「書誌コントロール／書誌調整」）で記し，再出時には
前の方の語（例の場合「書誌コントロール」）で記すことにしている。

　文末で失礼ながら，樹村房の編集担当として執筆陣を援助してくださった石
村早紀氏に，お礼申し上げる。

　　2020年３月

　　　　　　　　　　　　　　　　　　　　　　　　編集責任者　田窪　直規

改訂の序

　新省令科目「情報資源組織論」（必修科目）の教科書である『情報資源組織論』の初版を2011年に刊行して，はや5年が経った。東日本大震災の翌日，出版社の樹村房で，初版の最終校正作業に追われていたのを思い出す。

　初版には当時の最新情報を盛り込んだものの，これが世に出て5年の間に，情報資源組織の世界で新たな大きな動きが起こった。そこで，今回，この大きな動きを（それにこの間の細かい動きをも）反映すべく，改訂版を刊行することになった。情報資源組織は，通常，大きく記述目録法と主題組織法に分かれるとされるので，以下，この両者に分けて，この間の大きな動きと，それに対する本書の対応について述べる。

　まず，主題組織法を取り上げる。これについては，なんといっても，2014年12月に『日本十進分類法』の新訂10版が刊行されたことをあげねばならない。当然のことながら，本書の分類法に関する章（5章）は，新訂10版に基づいて記されている。なお，いち早く新訂10版に対応できたのが，今回の改訂版の目玉の一つといえる。

　次いで，記述目録法を取り上げる。これについては，3点あげねばならない。

　一つは，AACR2の後継目録規則とされるRDAである。RDAは，この5年の間に，"事実上の世界標準"になる勢いで広がってきており，2017年に刊行が予定されているNCRの新版も，これをベースとすることが決まっている。そのため，今回の改訂では，初版で簡単にしか触れていなかったRDAについて，少々踏み込んだ解説を行っている。

　二つは，書誌情報や典拠情報のLOD化である。

　LODとは，RDFで記述され，ウェブ上で互いにリンク付けられて公開されているデータのことである。このようなデータはコンピュータで処理しやすいということもあり，データのLOD化よって，これの新たな活用が進むものと期待されている。

　今，さまざまな世界のデータがLOD化されているが，図書館の世界の書誌情報や典拠情報も同様である。実は，これらの情報のLOD化の動きは，初版

が刊行された頃からあったのだが，近年，この動きがとみに活性化してきており，現在，各国の国立図書館を中心に，書誌情報や典拠情報が大量に LOD 化されつつある。本書ではわかりやすさに配慮しつつ，LOD について触れている。

三つは，BIBFRAME である。60年代末のコンピュータの状況を反映した MARC フォーマットはさすがに古く，これに変わるものとして提案されているのが BIBFRAME である。これは，書誌情報を上記の RDF で記述し，これを LOD 化して交換するための，一種のフォーマットといえる。これについても，本書ではわかりやすさに配慮して，ごく簡潔にではあるが触れている。

今回，章構成を若干変更した。初版では，記述目録法の章（2章）の次に主題組織法に関する諸章（3〜5章）を配置し，その後に情報技術の章（6章）を置いていた。この改訂版では，記述目録法の章（2章）の次に情報技術の章（3章）を配置し，その後に主題組織法に関する諸章（4〜6章）を続けた。

この変更は次の判断によっている。すなわち，「情報資源組織論」で取り上げるべき情報技術は，OPAC，MARC，集中目録作業，分担目録作業，メタデータなど，書誌情報に関連するものが多く，情報技術の章を記述目録法の章に続けたほうが，書誌情報にかかわる章がまとまり，読者にわかりやすいのではないかという判断である。

本書の各分担執筆者には，大学レベルの内容（専門学校ではないので，実務解説中心ではなく，理論や考え方を重視するということ）を維持しつつも，初学者が読んでもわかることを旨として記すようお願いしている。そのこともあり，本書は以下の特徴を有する，大学レベルでしかもわかりやすい教科書に仕上がった。

1）新カリキュラムの内容を網羅している。

2）最近の大きな動きのほか，細かい動きをも取り上げている。

3）より理解しやすくなるよう，章の順序を変更している。

分量的にも，若干ではあるが圧縮でき，より教科書として使いやすくなったのではないかと考えている。

2016年3月1日

編集責任者　田窪　直規

序　文
（初版の序）

　新省令科目では，従来の「資料組織概説」は「情報資源組織論」に改名されることになった。本書はこの「情報資源組織論」で触れることになっている事項を網羅し，その一方で，旧科目の「資料組織概説」で触れることになっている事項をも網羅している。

　情報資源組織は通常，大きく記述目録法と主題組織法に分かれるとされる。前書の『三訂 資料組織概説』が刊行された平成19（2007）年3月以降，後者についてはあまり大きな動きはなかったが，前者については大きな動きがあり，例えば，新しい「国際目録原則」が策定され，「RDA」（AACR2の後継目録規則）が刊行された。本書では，これらについても言及しており，さらには動きの激しい情報通信技術の最新動向にも触れている。その結果，本書は最新情報をほぼ網羅的に盛り込んだものになった。

　編集責任者である筆者は，本書の各分担者に，次の二点を特にお願いした。
　(1)　初学者が読んでもわかることを旨として記す。
　(2)　専門学校ではなく大学の教科書であるから，考え方や背景的な知識を重視する。

　また，各分担者が担当する章の原稿量を，2単位科目という観点から調整し，その原稿量を守るようにというお願いをした（だが，若干長くなったかもしれない）。

　我々としては，本書は，新旧両カリキュラムの内容を網羅し，最新の内容を盛り込み，かつ初学者を意識したよい教科書に仕上がったと喜んでいる。しかし，非才ゆえの見落としや誤りもあろう。改善点に気づかれた読者は，是非出版社に御連絡いただきたい。改訂版に御指摘の点を反映させたいと願っている。

　本書の分担割り当ては次の通りである。第1章：田窪直規，第2章：渡邊隆弘，第3章：山﨑久道，第4章：小林康隆，第5章：山本昭，第6章：原田隆

史，第7章：渡邊隆弘，第8章（補章）：山本昭。

　編集は田窪直規が行った。出版社の担当は大塚栄一である。

　なお本書は，本シリーズ第10巻『情報資源組織演習』と連携して構成されているので，是非こちらをも併用されたい。

　本書の作成にあたって，大手前大学の吉田暁史先生のお世話になった。文末で失礼ながらお礼申し上げる。

　　2011年2月28日

編集責任者　田窪　直規

三訂 情報資源組織論
も く じ

【本書の執筆分担】

1章　田窪直規	2章　渡邊隆弘
3章　飯野勝則	4章　山﨑久道
5章　小林康隆	6章　田窪直規
7章　渡邊隆弘	8章　原田智子
資料　渡邊隆弘	編集　田窪直規，石村早紀（樹村房）

1章 | 情報資源組織：その目的・意義と概要

　本章では，まず情報資源組織の目的・意義を明確にし，次いでこれ（をめぐる諸事項）について概略説明を試みる。これらのことを通じて，次章以下の理解を促進したい。

1．情報資源組織とは：その目的と意義

（1）情報資源組織とその目的

a．情報検索
　情報化社会の進展に伴い，大量の情報が社会にあふれるようになった。大量の情報の中から求める情報を探し出すのは難しく，そのため「情報検索（Information Retrieval：IR）」が課題となっている。「検索」とは「探し出すこと」であり，「情報検索」とは「情報を探し出すこと」を意味する用語である。

　情報は通常，何らかの資料（例えば本）に含まれている。したがって情報検索は，求める情報を含む資料を探し出すという形でなされることも多い。例えば，和服に関する詳しい情報を得たいと思っている人は，和服に関する本を探し出すことによって，これの詳しい情報を得ることができる。なお，検索対象として特に資料を意識する場合は，「資料検索（material retrieval）」という用語が使用されることもある[1]。

b．情報資源組織の目的と情報検索
　通常の個人コレクションのように資料数が少ないときは，必要とする資料を検索するのは比較的容易である。いざとなれば虱潰しに探すこともできる。これに対して図書館には，小規模なものでも1万冊前後，大規模なものになると

1：この場合，「文献検索（document retrieval）」という用語もよく使用される。

100万冊を超える資料が所蔵されている。こうなると，必要とする資料を検索するのは容易ではない。量が多すぎて虱潰しに探すこともできない。それゆえ図書館は，情報化社会になり情報検索が課題とされる以前から，この課題を抱えていたといえる。

　情報検索という課題を解決するためには，これを可能にする仕組みが必要になる。そのような仕組みを仕組むことを「情報組織化（information organization/organizing information）」という。組織化とは秩序や構造を与える行為であり，大量に蓄積されている情報に秩序や構造を与えることによって，求める情報を検索可能にする仕組みを仕組むことが情報組織化である。なお近年，情報を組織するというよりは，知識を組織すると考えられる傾向にあり，「知識組織化（knowledge organization：KO/organizing knowledge）」という用語もよく使用されるようになってきた。

　情報検索といっても，実際には資料検索になることも多い旨を記した。同様に，情報組織化といっても，情報そのものではなく，実際には資料が組織されることも多い。そのような場合，情報組織化は，特に「資料組織（化）（organization of materials/organizing materials）」と呼ばれることもある。また近年，「資料」という用語の代わりに，「情報資源」という用語も使用されるようになり，それに伴い，「情報資源組織（化）（organization of information resources/organizing information resources）」という用語も使用されるようになってきた。そのこともあってか，「情報資源組織」という用語が，文部科学省によって，この分野の名称として採用された（本書では，文部科学省に従って，基本的にこの用語を使用することにする[2]）。なお伝統的に，この分野は「整理技術（technical processing）」と呼ばれてきた。

（2）情報資源組織の意義

　利用者や図書館員が資料を検索できないと，図書館は機能せず，サービスを

2：ただし，「情報資源」という用語は，ウェブ・サイトやページなどを指して使用される傾向にあり，一般には「資料」という用語が使用されることが多い。そのため本書では，「情報資源組織」という用語を使用する場合やウェブ・サイトやページを指す場合などを除いて，原則として「資料」という用語を使用する。

提供できない。資料を検索できてこそ，館内閲覧や館外貸出という基本的なサービスが成立するし，さらにはレファレンス・サービスやその他の発展的なサービスも可能となる。

　資料を検索可能な状態にすることを目的とする情報資源組織は，上述のことからわかるように，図書館サービスの基盤を形成するものであり，図書館というサービス機関を成り立たせるための鍵を握るものである。それゆえこれは，図書館にとって根本的・本質的なものといえる。

2. サービスとしての情報資源組織

　上で，情報資源組織を図書館サービスの基盤を形成するものととらえた。これに対して，これ自体をサービス，すなわち利用者が資料を検索できる状態にするサービスととらえることもある。この場合，情報資源組織は技術的，間接的なサービスとみなされ，「テクニカル・サービス（technical service）」や「間接サービス（indirect service）」と呼ばれる。なお正確に述べると，このサービスの業務には，情報資源組織にかかわる業務のほか，選書，発注，受入，保存，廃棄といったコレクションの構築・維持・管理にかかわる業務も含まれる。ただし，本書は情報資源組織に関するものなので，これらの業務は本書の対象外である。これらの業務については，本シリーズ第8巻『図書館情報資源概論』の最新版を参照されたい。

　一方，上述の閲覧サービス，貸し出しサービス，レファレンス・サービスなどは，利用者（パブリック）に対する直接的なサービスとみなされ，「利用者サービス（user service）／パブリック・サービス（public service）」や「直接サービス（direct service）」と呼ばれる。狭義に図書館サービスという場合は，このサービスを指す。なおこれの詳細については，本シリーズ第4巻『図書館サービス概論』の最新版を参照されたい。

3．検索の種類：既知資料検索と未知資料検索[3]

　図書館における検索は，既知資料の検索と未知資料の検索に大別できる。本書では，それぞれ「既知資料検索」「未知資料検索」と記すことにするが，「既知検索」「未知検索」という用語もよく使用される。

（1）既知資料検索

　「既知資料検索」とは，求める資料が既知，すなわち求める資料をすでに知っていて，その求める資料が図書館に所蔵されているかどうかを確認するときになされる検索のことである。この場合，求める資料は特定されており，その意味で，これを「特定資料検索」と呼ぶこともできる。例えば，夏目漱石の『坊っちゃん』（という特定の本）を検索する場合が，これにあたる。このような場合，「タイトル（title）」や「著者（author）」[4]等が検索のてがかりとして使用されてきた[5]。なお，検索の手がかり（となるデータ）は「アクセス・ポイント（access point）」と呼ばれている[6]。

（2）未知資料検索

　「未知資料検索」とは，既知資料検索とは逆に求める資料が未知，つまり特定されていないときに行われる検索のことである。この検索は二つの場合に大別できる。

a．ある著者の何らかの資料の検索

　一つは，ある著者が著した何らかの（未知の）資料を検索する場合である。例えば，村上春樹は非常に有名な小説家だから，この人の著した何か面白そうな本を読んでみたいという理由で，検索する場合である。この場合には，既知

3：両者については2章2節1項aで，新たな点も交えて再度説明される。
4：ただし，『日本目録規則 2018年版』から作曲者などをも見据えて，「著者」ではなく「創作者（creator）」という用語が原則として使用されるようになった。
5：著者はタイトルを"ど忘れ"したときなどに使用される。
6：アクセス・ポイントについては，本章4節2項bで詳しく説明する。

資料検索と同様に，「著者」がアクセス・ポイントとして使用される。

b．主題検索

　二つは，ある内容に関する何らかの（未知の）資料を検索する場合である。例えば，サッカーに関する何らかの本を読みたいという理由で，検索する場合である[7]。このような場合には，「主題」がアクセス・ポイントとして採用されるので，これは「主題検索（subject retrieval）」と呼ばれている。

■1主題[8]　　「主題（subject）」とは資料の中心的な内容のことであり，「この資料は一言で述べると××に関して記されたものである」という場合の，「××」におおよそ相当するものである。上述の「サッカーに関する本」であれば，あたりまえのようだが，「サッカー」が主題となる。図書館では，主題はこのように語（名辞）で表現されることもあるが，「分類記号（class number/class mark）」で表現されることも多い。なお，主題等を表す語は「件名（subject）」と呼ばれている[9]。

■2件名と分類[10]　　上記よりわかるように，図書館では語（「件名」）と分類（「分類記号」）の両者から主題検索が可能となる形で，情報資源組織が行われてきた。

　この両者について，一冊の本のある部分を検索する場合を例にとって考えてみよう。私たちは本の末尾あたりに付されている「巻末索引」によって，その本の求める部分を検索することができる。これは語による検索といえる。また，私たちは「目次」を利用して，その本の求める部分を検索することもできる。これは分類による検索といえる。なぜなら，一冊の本はそれが対象とする分野を分類整理して記したものと考えられ，その本の分類構造は「目次」に現れるからである。

7：念のために述べれば，サッカーに関するある特定の本（例えば○○が著した『サッカー入門』）の有無を確認するために検索を行う場合は，既知資料検索となる。

8：主題について詳しくは，4章1節，2節を参照されたい。

9：上で「主題」に対応する英語を"subject"とし，ここでは「件名」に対応する英語を"subject"としている。ややこしい限りである。英語の場合，主題と主題を表す語を使い分けず，両者を指して"subject"が使用されるが，日本語の場合，両者を区別して用語を使い分けていると，一応解釈されたい。

10：ここで記されていることについては，4章4節や8章1節4項をも参照されたい。

　今度は大規模ウェブ・サイトを例にとって，これの求める箇所を検索する場合を考えてみよう。大規模サイトには「サイト内検索」が可能なものも多いが，これは語による検索といえる。しかし，サイト内検索では求める箇所を検索できないことも多い。そのようなこともあり，多くの場合，「サイト・マップ」も用意されている。これはサイトの内容を分類整理して表示したものであり，これを利用した検索は分類による検索といえる。

4．情報資源組織の方法：書架分類法と目録法

　情報資源組織は二つの方法でなされる。一つは情報資源（資料）そのものを組織するという方法であり，もう一つは情報資源（資料）に関するデータを組織するという方法である。図書館では，前者は「書架分類法」と呼ばれ，後者は「目録法」と呼ばれている[11]。ここでは，この両者について概略説明したい。

（1）書架分類法

　「書架分類法（shelf classification）」は，基本的には「主題検索」を可能にするためのものであり，主題などに基づいて資料を「分類順（classified order）」（正確には次項 c で述べる「所在記号順」）に排架する（書架に排列する）[12]ことで，利用者が求める資料を検索できるようにするものである。なお，ややこしい話だが，この分類法による分類（分類順排架）を「書架分類」と呼んでいる。

　分類を利用した検索については，すでに目次やサイト・マップの例をあげているが，ここでは，書架分類によっていかに主題検索が可能になるかを，これの具体例を用いて示す。

　分類順という秩序をつけて資料を排架すると，同様な主題の資料が階層的に集まって並ぶ（集中する）。仮に，分類の第一階層が10に分かれており，歴史は第一階層を形成しているとしよう。その場合，例えば鎌倉時代の歴史の資料

11：ただし，2章冒頭や同章1節2項では，別の観点から目録法が定義されている。
12：「配架」「配列」と記されることもあるが，正式には「配」の字ではなく「排」の字を用いるので，本書においても「排」の字を用いることにした。

を探している人は，わずか10箇所の中から歴史に関する資料が置かれている箇所を探すのであるから，その人は容易にそこにたどり着ける。そこにたどり着けば，その中（その下位階層）を探すことにより，日本史の資料が置かれている箇所を容易に探し出せ，さらにその中（さらにその下位階層）を探すことにより，鎌倉時代の歴史の資料が置かれている箇所を容易に探し出すことができる。

　通常，図書館には館内平面図が設置され，これにはどの書架にどのような資料が排架されているのかが表示される。また各書架にも，どのような資料が排架されているのかが表示され，さらに各書架の各棚にも，どのような資料が排架されているのかが表示される。図書館が付与するこれらの表示（サイン）によって，書架分類の効果が十分に引き出される[13]。

　書架上で資料を探しているうちに，利用者は思いがけず興味深い資料を見つけることがある。ここで，書架上で資料を探すこと，とくに漫然と探すことなどは「ブラウジング（browsing）」と呼ばれ，思いがけない発見をする能力などは「セレンディピティ（serendipity）」と呼ばれている[14]。

（2）目録法

　書架分類は非常に便利なものであり，多くの利用者がこれを利用して資料を探している。しかしこれのみでは，利用者は求める資料を探し出せるとは限らない。例えば，タイトルや著者をアクセス・ポイントとする検索には，書架分類はあまり役立たない。さらに書架分類では，利用者が自由にアクセスできる開架書庫（開架フロアー）にある資料しか検索できず，これは利用者が直接アクセスできない閉架書庫にある資料には無力である。そのほか，閲覧中や貸し出し中の資料も，これによっては検索不能である。

　また，書架分類法は現物の資料，つまり一つの "物" としての資料を分類する分類法なので，主題が複数ある資料でも，一箇所にしか分類できない（排架できない）。だから，このような資料の場合，分類に使用されなかった主題か

13：ここで述べたサインについては，5章8節2項の脚注で，より詳しく言及される。

14：さらに述べれば，ブラウジングすることでセレンディピティが発揮されるという効果を，「ブラウジング効果」という。なお，2章2節1項b**4**では，目録法の観点からこの効果に言及している。

らは検索できない。

　「目録法（cataloging）」[15]は，上記の書架分類（法）の弱点をすべてカバーできる情報資源組織法である。なお，この組織法の成果物は「目録（catalog）」と呼ばれている。

　目録法は既述のように，資料そのものではなく，資料のデータを対象とするものなので，目録には，その資料を検索するのに必要とされるすべてのアクセス・ポイント（タイトル，著者，主題など）を，必要な数だけ付与できる。したがって目録を使用すれば，書架分類とは異なり，タイトル，著者からも検索できるし，資料の主題が複数ある場合には，その複数の主題からも検索できる（同様に著者が複数の場合も，その複数の著者から検索できる）。つまり目録によって，既知資料検索も未知資料検索も関係なく，あらゆる角度からのさまざまな検索が可能になるのである。また，資料ではなくそのデータを対象とするということは，資料が閲覧中か貸し出し中かに関係なく検索できるということをも意味している。さらに，開架書庫にある資料のみならず閉架書庫の資料も目録の対象とされるので，図書館が所蔵するすべての資料が目録によって検索可能となる。

　なお，目録には複数の図書館の資料を対象とするものもあり，このような目録は「総合目録（union catalog）」と呼ばれている。利用者の求める資料が図書館になく，「図書館間相互貸借（Inter-Library Loan：ILL）」によってその資料を提供する場合，協力館間の総合目録があれば，大変便利である。また，90年代から主流となっているコンピュータによる目録は，「オンライン閲覧目録（Online Public Access Catalog：OPAC）」[16]などと呼ばれている。

　目録は「書誌記述」「アクセス・ポイント」「所在記号」を主要要素とするデータの集積体といえる。これらのうち前二者をまとめて「書誌データ（bibliographic data）」[17]と呼び，三者すべてをまとめて「書誌的記録（bibliographic record）」と呼ぶ[18,19]。以下これら三者について述べる。

15：実は，「目録法」の英語を "cataloging" とするのには疑義を有するが，ここでは通説に従った。

16：これについては，2章1節3項a，bやその他の箇所でも触れているが，詳しくは3章4節1項を参照されたい。

a．書誌記述[20]

　書架分類を利用した検索では，資料自体が検索されるので，検索された資料が自身の求めるものかどうかを直接確認することができる。ところが目録では，資料自体が検索されるのではなく，書誌的記録が検索されることになる。したがって書誌的記録には，検索された資料が自身の求めるものかどうかを確認するためのデータが含まれねばならない。このためのデータが「書誌記述（bibliographic description）」である。通常これは，資料のタイトル，著者，出版社，出版年やその他のデータから構成される。

b．アクセス・ポイント[21]

　これは既述のように，検索の手がかり（となるデータ）を指すものである。OPAC では基本的に，書誌的記録中のすべてのデータが「アクセス・ポイント（access point）」となりうる。しかし伝統的に，「著者」「タイトル」「主題」の三者からの検索を保障することが重視され，これらが特にアクセス・ポイントとして，書誌記述とは別に付与されてきた。

　なおアクセス・ポイントは，より細かく述べると，前段で述べたように付与される場合は「索引語（index term/indexing term）」と呼ばれ，検索に用い

17：これは「書誌情報（bibliographic information）」と呼ばれることも多いし，本書も，前版まではこの用語を使用していた。だが本版から，最近の用語法の傾向に合わせて，基本的に「書誌データ」という用語を使用することにした。

18：ただし，OPAC を意識する場合，"bibliographic record" は「書誌レコード」と訳され，「書誌データ」と同様に「所在記号」までは含まないとされることも多い。その場合「所在記号」は，一般に，「書誌レコード」とは別に「所蔵レコード」というもので扱われる。この点については，3章4節1項を参照されたい。
　なお「レコード」とは，一群のデータを指す用語であり，書誌レコードなら，これの対象資料に必要とされる一群のデータということになる。

19：実は，「書誌的記録」という用語は『日本目録規則 2018年版』から基本的に使用されなくなったが，この三者を含む適当な用語がないので，暫定的にこの用語を使用することにした。

20：実は，この用語も『日本目録規則 2018年版』から基本的に使用されなくなったが，適当な代わりの用語が見当たらないので，暫定的にこの用語を使用することにした。

21：以下で論じることのうち**1 2**については，4章5節や6章1節で，新たな観点をも交えて再度論じる。

られる場合は「検索語（search term）」[22]と呼ばれる[23]。また，特に主題などのアクセス・ポイントを指して，「キーワード（keyword）」という用語がよく使用される。

　アクセス・ポイントには，その機能を十分に発揮できるよう，「統制語（controlled term/controlled vocabulary）」と言われるものが採用されてきた。統制語とは語や記号を人工的に統制したものである[24]。これに対して自然に思いつく語などは，「自然語（natural language）」（や「非統制語（non-controlled term/non-controlled vocabulary）」「自由語（free term/free word）」など）と呼ばれている。

❶統制語　　上記の三者のアクセス・ポイントのうち，以下しばらく主題を例にとって，統制語について述べる。

　自然語を主題のアクセス・ポイントに採用すると，「同義語（synonym）」等の問題が生じる。例えば，「図書」「書籍」「本」は同義語と考えられる。ここで図書に関する資料を探す場合を考えよう。この場合，情報資源組織を行う人が「書籍」という語を思いつき，これをアクセス・ポイント（索引語）として採用し，検索する人が「本」という語を思いつき，これをアクセス・ポイント（検索語）として採用すると，ミスマッチが起こり，この検索は失敗に終わる。

　それゆえ図書館では，伝統的に「統制語」を用いてきた。統制語の場合，同義語などが整理され，使用すべき語や記号が統制される（決められる）。統制語を用いれば，情報資源組織を行う人は，その統制（決めごと）に従ってアクセス・ポイント（索引語）を付与することができ，資料を探す人も，その統制に従ったアクセス・ポイント（検索語）で検索することができるので，理論的にはミスマッチは起こらず，検索は成功裏に終わる。

22：通常，"search"は「探索」と訳され"retrieval"は「検索」と訳される。したがって，"search term"は「探索語」と訳されるべきであるが，「検索語」という訳語が定着しているので，本書ではこの訳語に従うことにした。ほかにも，"search engine"を「検索エンジン」と訳すように，訳の慣行に基づき"search"を「検索」と訳しているところがあるので，注意されたい。
23：ただし，アクセス・ポイントは，索引語となるもののみを指して使用されることもある。
24：「統制」ということばのイメージが湧かないかもしれないが，これについては次の❶で説明するので，そこまで待たれたい。

　語を統制するためには，そのよりどころになる「統制語彙表」が必要となる。主題検索のための統制語彙表としては，「件名標目表（subject headings）」「シソーラス（thesaurus）」「分類表（classification schedule）」と呼ばれるものが使用されてきた。「件名標目表」や「シソーラス」は，語と語の関係性を整理し，同義語などのうちどの語を用いるのかを記したものであり，「分類表」は，概念間の関係性を整理して，これを記号化したものである。例えば件名標目表やシソーラスでは，「図書」「書籍」「本」のうち，どれがアクセス・ポイントとして採用されるのかが記されており，分類表では，これらは同一概念を表すものとみなされ，同一分類記号で表現される。

　主題のみならず，著者名やタイトルも統制される。すなわち，著者の場合は，複数のペンネームなどを持つ著者の名前が統制され，アクセス・ポイントとして使用する名前が決められる。タイトルの場合は，複数のタイトルを持つ著作[25]（有名な例は，同一の著作が「アラビアン・ナイト」「アラビア夜話」「千一夜物語」「千夜一夜物語」という異なるタイトルで出版されている例）のタイトルが統制され，アクセス・ポイントとして使用するタイトルが決められる。

❷自然語　近年 OPAC では，簡易検索などと称し，「検索エンジン（search engine）」[26]と同様に入力ボックスを一つ設定し，そこに思いついた語（「自然語」）を入れて検索するというインタフェースが前面に出される傾向にある。このボックスに語が入力されると，コンピュータは，どこかにその語が含まれている書誌的記録を検索するのである。

　簡易検索は利用者にとって非常に便利であり，よく利用されるのだが，これには自然語検索の欠点が現れることを忘れてはならない。統制語のところで使用した例を再用すれば，図書に関する資料を探そうと，「図書」という語でOPAC を検索すると，書誌的記録に「図書」という語が含まれておらずに，

25：著作とは，少々不正確だが，おおよそ同じ内容の資料をまとめて指す場合などに使用される用語である。これについて詳しくは，2章2節3項および同章3節2項a❶を参照されたい。
26：「検索エンジン」については，3章2節1項や4章5節，6章2節3項aを参照されたい。

「書籍」や「本」という語が含まれる資料は検索されないことになる[27]。

　ただし，自然語は欠点ばかりのものではない。これには例えば，最新の語で検索できるという長所もある。これに対して統制語は，最新の語による検索に弱い。例をあげれば，日本の標準的な件名標目表である『基本件名標目表（Basic Subject Headings：BSH）』の最新版は1999年に刊行されたが，これには「携帯電話」という語は収録されているものの，「スマートフォン」という語は収録されていない。

c．所在記号[28]

　アクセス・ポイントによって自身の求める資料を検索し，書誌記述によってその資料が自身の求める資料であることを確認しても，その資料の所在が不明であれば，資料を利用することができない。したがって，目録の書誌的記録には，資料の所在を表示するデータが不可欠であり，これは「所在記号（location mark/location symbol）」（や「請求記号」や「書架記号」や「排架記号」など）と呼ばれている。

　図書館の資料は所在記号順に排架されているので，この記号によって資料の所在（位置）が判明するのである。所在記号は主に，「分類記号」と「図書記号（book number）」からなる。これに基づく排架では，基本的に資料はまず分類記号順で並べられ，次いで同じ分類記号を有するものの間に順序をつけるために，図書記号順で並べられる。

5．書架分類法・目録法以外の情報資源組織

　図書館の目録と類似したものに，「書誌」や「索引」「抄録」というものがある。ここではまずこれらについて触れる。次いで，目録やこれら三者などと密接に関係する概念である「書誌コントロール」について述べる。最後に，近年注目されるようになってきた，ウェブ関連の情報資源組織について記す。

27：さらに述べれば，例えば「○○図書」という出版社があれば，図書に関する資料かどうかに関係なく，この出版社の資料も検索されることになる。ただし，これは自然語の欠点ではなく，簡易検索の欠点である。

28：所在記号について詳しくは，5章8節2項を参照されたい。

（1）書誌と索引・抄録

　情報資源組織は図書館の所蔵資料のみを対象とするものではない。図書館の所蔵資料かどうかにとらわれない情報資源組織も存在する。このような情報資源組織の成果物には，「書誌」や「索引」「抄録」などがある。

ａ．書誌

　「書誌（bibliography）」は出版物等の書誌データを組織し，データベース化（もしくは冊子体化）したものである。主題分野や資料種別ごとにさまざまな書誌が作成されている。

　これを利用すれば，図書館の所蔵資料かどうかにかかわらず，求める資料を検索することができる。例えば卒業論文を書く場合，当該分野の書誌を利用すれば，自身の大学図書館が所蔵する資料かどうかにかかわらず，卒業論文と関係する資料を検索することができる。検索された資料が自身の大学図書館に所蔵されているかどうかは，その図書館の目録を検索することで確認できる。

ｂ．索引・抄録[29]

　「索引（index）」という語は多義的であるが，ここでいう索引とは，資料の構成部分に踏み込んだ検索を可能にするもののことである[30]。索引の代表格は，雑誌に掲載された記事一つひとつを検索可能にする「雑誌記事索引」と，新聞に掲載された記事一つひとつを検索可能にする「新聞記事索引」である。索引は，このレベルの検索を可能にするために記事一つひとつという細かいレベルで書誌データを組織し，データベース化（もしくは冊子体化）したものである。

　再び卒業論文を書く場合を例にとろう。この場合，雑誌記事索引や新聞記事索引を利用すれば，自身の卒業論文と関係する雑誌記事（雑誌論文）や新聞記事を検索することができる。検索された記事が掲載されている雑誌や新聞（の当該号）が自身の大学図書館に所蔵されているかどうかは，その図書館の目録を検索すれば確認できる。

29：これらについては，8章で主題的に扱う。
30：なお，これの定義については，ほかにも4章1節末でごく簡単に広義のものが示され，8
　　章1節1項では別の観点をも含んだ詳しいものが紹介されている。さらに3章2節1項では，コンピュータ工学の立場からこれが説明される。

なお「抄録（abstract）」とは，一般には資料内容の概要を記したものを指す用語である。しかしながら，ここでいう抄録は，書誌データに抄録まで含んでいる索引を特に指している。

（2）書誌コントロール[31]

「書誌コントロール／書誌調整（bibliographic control）」について，少々定義的に述べれば，これは書誌データをコントロールすることで，換言すれば組織することで，資料を検索できるようにする活動（や手法）の総称である。それゆえ目録，書誌，索引・抄録は，すべて書誌コントロール活動の成果物といえる。

これには国際レベルの活動から一国レベルの活動，さらには図書館における目録作業のような一図書館レベルの活動など，さまざまなレベルのものがあり，これに関連するさまざまな国際・国内標準類も定められている。

（3）ウェブと情報資源組織

a．メタデータ

ウェブ・サイトやページなどは，よくネットワーク情報資源と呼ばれるが，この世界は無秩序で組織されていないので，検索エンジンを利用しても，ニーズに合致したネットワーク情報資源を検索できるとは限らない。一方，図書館の目録を利用すれば，比較的ニーズに合致した資料を検索できる。図書館の資料は，書誌データが付与され，組織されているからである。そのこともあり，ネットワーク情報資源に書誌データに類似した「メタデータ（metadata）」[32]と呼ばれるものを付与して，これを組織し，効率的な検索を可能にしようという動きが現れた。

図書館の場合，本節2項で述べた書誌コントロールによって，国際的にほぼ

31：書誌コントロールについては，7章で主題的に扱う。
32：「メタデータ」は，定義的には「データについての（構造化された）データ」とされるものであり，もともとはネットワーク情報資源を意識したものであった。しかし，これのみならず，何らかのものについてのデータはすべてメタデータとされる傾向にある。その場合，書誌データもメタデータの一種とされる。なおこれについては，3章2節3項などをも参照されたい。

統一された書誌データが作成される。しかし，ネットワーク情報資源の世界の場合，さまざまな分野の人々や組織が参加しているので，メタデータはばらばらになり，統一されない。そのような状況では，いくらメタデータを利用しても，図書館の世界のような確度で検索できない。そのため，分野横断的に使用可能な標準メタデータ項目（の一そろい）を定めて，これを利用したり，その一方で，自身で新しいメタデータ項目を作るのではなく，できるだけ既存のメタデータ項目を再利用することが求められている。つまり，皆で標準メタデータ項目を利用したり，既存のメタデータ項目を再利用することによって，メタデータの世界に統一性（組織性）をもたらそうというのである。それゆえメタデータの世界では，項目などの「相互運用性（interoperability）」（皆で利用できたり，再利用できる性質）[33]が重視されている。

b．LOD とセマンティック・ウェブ[34]

　私たちが日々閲覧しているウェブは，「文書のウェブ（Web of document）」と呼ばれている。マルチメディアのサイトなどは文書に見えないかもしれないが，それでもこのように呼ばれている。これに対して，「データのウェブ（Web of data）」というものがある。そこでは，データどうしがリンクされ，オープンに活用される。それゆえ，そのようなウェブのデータは「リンクト・オープン・データ（Linked Open Data：LOD）」と呼ばれている。

　文書のウェブの場合，どのような意味でリンクが張られているか不明であるが，LOD の世界（データのウェブ）では，どのような意味でリンクが張られているかが明示される。このような意味のわかるリンクはセマンティック・リンク（意味的リンク）と呼ばれることがあり，これでつながる世界は「セマンティック・ウェブ（semantic Web）」とされている。セマンティック・ウェブではリンクの意味が明確なので，コンピュータによる高度な処理が可能となる。

　近年，各国の国立図書館等が，膨大な量の書誌データなどを LOD 化しだし

33：これは情報資源組織にとって重要な概念であり，文脈によって説明に若干の差異があるものの，2章3節4項，3章5節，7章3節1項dや，その他の少なからぬ箇所でも言及されている。

34：ここで記されていることについては，3章5節3項fをも参照されたい。こことは若干異なった観点からではあるが，詳しく説明されている。

ている。図書館と同様に，大量の資料を扱う文書館（文書類を扱う施設）や博物館（"物"資料を扱う施設）も，資料データなどを LOD 化しだしており，図書館，文書館，博物館のデータがリンクづけられる方向にある。これら三館の連携が注目され，MLA 連携[35]という用語も定着しているが，LOD によってデータ面での連携基盤ができつつあるといえる。

　書誌データは，図書館の世界の中で閉じたものであった。しかし，今やこれは開いたものとなり，LOD の世界で博物館や文書館のデータを含むさまざまなデータとリンクづけられることが想定されており，そのリンクを利用した書誌データの利活用が視野に入れられるようになってきた。

　ここで記したことからわかるように，LOD の世界の情報資源組織や書誌コントロールでは，リンク（セマンティック・リンク）が重要であり，これのセマンティクス（意味）管理が焦点となりつつある[36]。これに対して，従来の情報資源組織や書誌コントロールでは，データ項目（記述項目）や統制語など，データ管理が重視されてきた。

35：英語で，博物館は Museum，図書館は Library，文書館は Archives なので，これら三者の頭文字をとって，MLA 連携と呼ばれている。

36：例えば，「A の著者は B である」という意味でデータ A とデータ B の間にリンクが張られていても，リンクのセマンティクス管理が甘く，本当は「著者」ではなく「出版者」であれば，この場合，情報資源組織に失敗したことになる。

2章 ｜ 目録法

　図書館目録の作成にかかわるさまざまなルールの総体を「目録法」と呼ぶ。本章では，目録法の基本的な考え方の解説を行う。

　ここで最初に断っておくべきことがある。目録法における原則・規則は国際的に，1990年代後半以降大きな見直しが行われた。本章の最後で紹介する『日本目録規則 2018年版（Nippon Cataloging Rules 2018 edition：NCR2018）』も，このような見直し作業の成果に基づくものであり，前の版とは大きく異なる規則となっている。本章では新しい枠組みでの説明を行い，以前の枠組みへの言及は最小限にとどめる。しかしながら，抜本的な改訂だけに NCR2018 の実際の適用には時間を要し，本書刊行の2020年時点において日本で実際に目にすることのできる目録は，本章の例示に用いた画面も含め，ほぼ旧規則に従ったものである。用語等にかなりの異同があるので，注意されたい。

1．目録と目録法の意義

（1）目録とは

　「目録（catalog）」という語は，記念品目録や商品カタログなど，一群の"物"のリストを指して一般的にも用いられる。これは，現物を直接見なくとも一定の情報が簡便に得られるように，"物"の「代替物（surrogate）」（となる記録）を作って整理し，一覧・検索の用に役立てるものである。

　図書館における目録は，いうまでもなく図書館資料に関する「代替物」（となる記録）を整理し，検索可能にしたものである。その必要性と意義は1章4節2項ですでに述べたとおりであるが，書架分類による検索の下記の弱点が目録による検索では克服されるという点にある。

- ただ一つのアクセス・ポイント[1]（主題分類）からしか検索できない。
- 検索時に開架書架に存在しない資料は検索できない。

　つまり，目録においては，ある資料をタイトル・著者・主題などさまざまなアクセス・ポイントから検索することができるし，貸出中や閉架書庫の資料も検索できるということである。書架分類の弱点はつまるところ，物理的に一つしかない現物資料を直接に対象とするところに起因しているので，資料の「代替物」（となる記録）を用いる目録によって，この弱点が克服される。

（2）書誌データと目録法

　目録においては，各資料について，タイトル・著者・出版者・主題など，その資料の姿を十分に表し，また検索の手がかりになる諸情報を記録したデータが作成される。これを「書誌データ（bibliographic data）」と呼ぶ。これにその資料の所在場所等を示す「所蔵データ（holdings data）」を合わせたものが，資料の「代替物」としての役割を果たす[2]。

　書誌データ等の作成は，一定のルールに則って行われる。ルールに基づかず一定しないと，検索・一覧の際に予測が立たず，目録利用時に混乱を生じてしまうからである。基本的な考え方のレベルから具体化された詳細な決まり事まで，ルールの総体を「目録法」と呼んでいる。その中心は，「目録規則（cataloging rules）」である。

　目録規則は，国ないし言語圏レベルで標準的なものが作成されている。例えば，英語圏を中心として最近では他の地域でも広く用いられている『RDA：Resource Description and Access（資源の記述とアクセス）』や日本の標準規則である『日本目録規則』などがある。これらは資料の多様なあり方に応じて相当詳細にルールを定めるため，いずれもかなり大部な規則となっている。

　ところで，ネットワーク情報資源は，「全文検索（full-text retrieval）」等により中身を直接検索対象とすることが可能であるが，書誌データに類した「メ

1：この用語については，すでに1章4節2項bで説明している。
2：図書館の目録が必ず所蔵データを伴うのに対して，出版物等の書誌データのみをリスト化したものを「書誌（bibliography）」と呼ぶ。なおこれについては，すでに1章5節1項aで触れている。

タデータ（metadata）」（1章5節3項aや3章2節3項を参照）の作成・活用は重要視されている。書誌データやメタデータには資料に関する重要な情報が凝縮され，またそれらが一定のルールに従って形式化されているので，資料の検索等にあたって優位性を有しているのである。この点から目録を顧みれば，これには「代替物」なくしては検索できないからというやや消極的な意味合いだけではない役割があること，その役割を十分に発揮させるには目録法というルールへの理解・検討が必須であること，が了解できよう。

（3）目録の提供と目録法

a．目録の提供

　今日ほとんどの図書館では，資料情報管理にコンピュータを用いており，2－1図に示したような「オンライン閲覧目録（Online Public Access Catalog：OPAC）」が館内で，あるいはウェブ上で（「Web OPAC」と呼ぶ）提供されている（3章4節1項を参照）[3]。利用者に何らかの手がかり情報を検索語として入力させ，その検索語をシステムが目録内の書誌データと照合し，該当すると思われる書誌データと所蔵データを検索結果として示すのが，OPAC の基本的な動作である。

2-1図　OPAC（Web OPAC）の画面例（京都府立図書館）[4]

3：日本では，1980年代後半から1990年代後半にかけて OPAC が普及した。それまでは，定型の厚紙のカードを排列する「カード目録（card catalog）」が一般的で，その他に冊子体の目録が作られることもあった。

4：京都府立図書館. https://www.library.pref.kyoto.jp/,（参照 2020-01-20）.

　目録の提供は通常，一つの図書館または単一の管理のもとにある図書館群（中央図書館，分館・分室等）の単位で行われているが，より広い範囲の複数の図書館を対象とした「総合目録（union catalog）」が作成される場合もある。

b．OPAC と目録法

　目録規則に代表される目録法の諸ルールは，基本的にデータの作成に関するものである。各図書館の「目録作業者（cataloger）」による作業が同じ規則に則って行われていれば，書誌データは統一されたものとなる。

　一方，OPAC における検索はコンピュータ上のプログラムを介して検索が行われるため，同じ規則に則った書誌データを対象としていても，入力された検索語とアクセス・ポイントとの照合の方法や，検索された書誌データの表示の順序・形式・詳細さなどは，図書館（が採用する OPAC のシステム）ごとにかなりの違いが生じうる。

　現在の目録規則では，目録の基本的機能を整理してそれらがきちんと実現できるような書誌データを作成するという志向はあるが，規定する範囲を広げて OPAC における検索の動作や画面表示等の統一をめざすといった方向性はない。目録法を学習する上で，実際の OPAC における検索の動作や書誌データの表示を参照してみるのは有益だが，こうした点に留意されたい。

2．目録法の基本的な考え方

（1）目録に求められる基本機能

　『日本目録規則 2018年版（NCR2018）』では，目録利用者のニーズを，2－2図のように列挙している[5]。これらのニーズを適切に充足させることが，目録に求められる機能となる。

　2－2図の「発見・識別・選択・入手」は，利用者が求める資料にたどりつくまでの一連の手順を表しているので，この順を意識しつつも，以下では，最

5：図の文章は，本節では登場しない用語を多数含んでいるが，そこはいったん読み飛ばしてよい。次節の最後まで行ってから返るとほぼ理解できるはずである。なお，第2文の「ICP」は，本章3節4項で扱う「国際目録原則」を指している。

#0.4　目録の機能

目録は，利用者が資料を発見・識別・選択・入手するための手段を提供し，資料のもつ利用可能性を最大限に顕在化する道具でなければならない。

目録データは，種々の利用者ニーズに対応する必要がある。ICP に準拠し，利用者ニーズとして，次のものを想定する。

a）特定の資料の発見

b）次の資料群の発見

　①同一の著作に属するすべての資料

　②同一の表現形を具体化するすべての資料

　③同一の体現形を例示するすべての資料

　④特定の個人・家族・団体と関連を有するすべての資料

　⑤特定の主題に関するすべての資料

　⑥言語，出版地，出版日付，表現種別，キャリア種別，その他の検索項目によって特定されるすべての資料

c）特定の資料または個人・家族・団体の識別（記述された実体と求める実体との一致の確認，類似する複数の実体の判別）

d）ニーズに適合する資料の選択

e）選択した資料の入手（取得またはアクセスの確保）

f）目録内外における各種実体への誘導

2-2図　『日本目録規則 2018年版』における「目録の機能」

初の「発見」とそれに続く「識別・選択・入手等」に分けて説明する。

a．資料の発見

まず，利用者は自身が持っている何らかの手がかりを用いた検索により，自身の求める資料を発見する必要がある。2-2図は，資料の発見について，2項目に分けて示している。これは，1章3節で図書館における検索要求は「既知資料検索（特定資料検索）」と「未知資料検索」に大別できるとしたことと対応している。この両者に対応して，目録には以下の二つの機能が求められる。

❶既知資料検索のためのファインディング・リスト機能　既知資料検索（特定資料検索）は，誰かから教示を受けた，読んだ文献に引用されていた等の契機により，利用者にとって当該資料の存在が既知となった資料を入手するため，所蔵の有無等を確認する検索である（ときには詳細な書誌データを確認したいという場合もある）。2-2図の「a）特定の資料の発見」がこれにあたる。もっ

とも「既知」といっても，利用者の手元にある検索の手がかりとなる情報の度合いはさまざまで，ほとんどすべてがわかっている場合もあれば，タイトルの一部と著者名のみといった曖昧な場合もある。

　目録において，特定の資料について所蔵の有無を確実に示せる機能を「ファインディング・リスト（finding list）機能」と呼ぶ[6]。この機能を果たすためには，利用者の持つ手がかりから資料を間違いなく探し出せる必要がある。手がかりの情報量や正確さはさまざまなので，多様で柔軟な検索ができることが望ましい。一般によく用いられるアクセス・ポイントは，タイトル，著者，ISBN[7]等の標準番号などである。

❷未知資料検索のための集中機能　　未知資料検索は，「ある著者の著作」「ある主題の資料」等について網羅的に，あるいは代表的ないくつかを調べるといった検索である。2－2図の「b)次の資料群の発見」がこれにあたる[8]。既知資料検索の結果が「見つかるか見つからないか」であるのに対して，未知資料検索の結果は，利用者の求める条件にあう資料（適合資料）の「集合」として示される（ただし0冊や1冊の場合もある）[9]。

　適合資料をどれだけ適切に「集められたか」という意味で，目録において未知資料検索に対応した機能を「集中（collocation）機能」と呼ぶ。この機能を果たすためには，利用者の求める条件に合致するすべての資料を確実に探し出せなくてはならない。条件として用いられる代表的なアクセス・ポイントは，著者等（作曲者，翻訳者などさまざまな役割のものを含む）と主題である。

b．資料の識別・選択・入手等

　2－2図では，発見以外にもいくつかのニーズを示している。利用者が適切

6：本項b❶の「資料の識別」の意味合いも含んで，「識別機能」と呼ぶこともある。

7：国際標準図書番号（International Standard Book Number）。これについては7章3節2項eを参照されたい。

8：2－2図のb)では①～⑥の6項目があげられている。「ある著者の著作」は④に，「ある主題の資料」は⑤に当たる。その他，①については本節3項を，②以下については次節以降を参照されたい。

9：この検索の評価は，所蔵する適合資料がどの程度網羅的に（すなわち抜け落ちなく）見つかったかという「再現率（recall ratio）」と，（無関係の資料をなるべく含まず）どれだけ適合資料だけを見つけられたかという「精度（precision ratio）」という点からなされることが多い。なお，再現率と精度については4章7節を参照されたい。

な資料にたどりつくためには，これらを満たす機能も必要である。

❶資料の識別　　2-2図の c)のうち，「特定の資料」の「識別」がこれにあたる。既知資料検索の場合，利用者が手元の情報と照合して求めている「特定の」資料かどうかを「識別（identify）」できる（判断できる）だけの，十分で正確な書誌データが必要である。例えば，タイトルに加えて出版日付・出版者がわかっている場合，タイトルから検索してそれらしいものが見つかっても，書誌データが十分ではなく，これらの情報が書かれていなければ，検索されたものが求めるものかどうかの最終判断がつかない。未知資料検索においても，類似する資料との判別等のために，書誌データの識別性は重要である。

❷資料の選択　　2-2図の d)がこれにあたる。未知資料検索の場合，検索結果として複数の資料が提示されるのが一般的であるが，利用者はそのすべての入手を求めるとは限らない。その場合に，利用者がより適切な資料を「選択（select）」するための情報が書誌データに記録されている必要がある。

❸資料の入手　　2-2図の e)がこれにあたる。通常，検索した資料を「入手（obtain）」してはじめて，利用者の目的は果たされる。したがって，資料の所在場所やアクセス方法に関する情報が記録されている必要がある。

❹誘導・探索　　2-2図の f)がこれにあたる。目録の中には関連する情報へのリンク機能等を備えたものがある。これが目録上での「ブラウジング効果」[10]につながり，思いがけない資料を偶然的に発見できる場合がある。このような機能は比較的最近になって意識されてきたもので，「誘導（navigate）」または「探索（explore）」[11]と呼ばれる。

（2）アクセス・ポイントの統制：典拠コントロール

a．集中機能とアクセス・ポイント

　書誌データに記録されるタイトルや著者は，資料の発見のためのアクセス・

10：1章4節1項では，書架分類法の観点から「ブラウジング」やこれに関連して「セレンディピティ」について触れており，この箇所の脚注で「ブラウジング効果」について記している。

11：従来，「検索（retrieval）」が「探し出すこと」であるのに対して，探索は「単に探すこと」というニュアンスで用いられ，英語では"search"であったが，近年"explore"という，探検したり散策したりするイメージの単語も「探索」と訳されるようになってきた。

ポイントにもなりうるし，資料の識別等の役目も果たす。例えば，『政治とは
何か』（著者：ハンナ・アーレント，発行：岩波書店，2005）という資料を検
索しようとして，利用者が「政治とは何か」「政治とは　アーレント」などと
検索語を入力して検索し，この資料の書誌データが表示されたとする。この場
合，検索段階では，書誌データに記録されたタイトルや著者がアクセス・ポイ
ントとして利用者の入力した検索語と照合され，資料が発見される。一方，そ
の後画面に書誌データが表示された段階では，タイトルや著者はその他の情報
（出版者など）と共に，利用者が求める資料に間違いないかの確認，すなわち
資料の識別のために用いられる[12]。

　以上の例は『政治学とは何か』という特定の資料を探す，すなわち既知資料
検索の例である。それでは，「ハンナ・アーレントの著した資料を探す」とい
った未知資料検索の場合はどうであろうか。アーレント（Hannah Arendt,
1906-1975）は20世紀の著名な政治哲学者で，日本でもよく知られている著者
であるが，日本語化された著者表示は「ハンナ・アーレント」「ハンナ・アレ
ント」「ハナ・アレント」「H. アレント」など，資料によってまちまちである。
また，翻訳書ではなく原書であれば，当然「Hannah Arendt」等の原綴形で
表示されている。著者等からの集中機能を果たすためには，どのような表記の
場合も，同一人である限り間違いなく探し出せなければならない。一方で，別
人なのに資料上の表記は同じになってしまう同姓同名の著者等もいる。このよ
うな場合も，同姓同名の著者どうしを区別してきちんと検索できなければ，や
はり十分とはいえない。

b．アクセス・ポイントの統制と典拠コントロール

　集中機能を確実に果たすために，目録法ではアクセス・ポイントの「統制
（control）」を行う。具体的には，ある著者が著した資料には，常に同じ形の
アクセス・ポイントを与えるものとする。これを「典拠形アクセス・ポイント
（authorized access point）」という。例えば，アーレントの著した資料であれ

12：このような二面性は，目録に独特のことではない。例えば日常生活で名簿のデータベース
　　を作る際，その中の「氏名」や「住所」といった項目は，データの識別（あるいは表示）
　　に役立つと同時に検索や排列の手段（つまりアクセス・ポイント）としても使われるのが
　　普通であろう。

ば，資料上の表記や言語に関わりなく，「Arendt, Hannah」という原綴形をアクセス・ポイントとする[13]と決めておくのである。別の例をあげれば，夏目漱石の著した資料の中には著者表示が「夏目金之助」（漱石の本名）となっているものがいくつかあり，外国語に翻訳されれば「by Soseki Natsume」等各国語の表記になっているが，最も一般的な「夏目，漱石」を典拠形アクセス・ポイントとする。また同姓同名の場合は，「鈴木，一郎（1930-）」「鈴木，一郎（1952-）」のように生年等を付記し，ほかと明確に区別できる形を典拠形アクセス・ポイントとする。

　以上を目録作業者の視点からみると，同一の著者等に対して以前用いた典拠形アクセス・ポイントを踏襲することと，新たに典拠形アクセス・ポイントを定める場合に（同姓同名等の場合でも）別の著者等と同形にしないことが求められる。典拠形アクセス・ポイントは資料上の表示とは異なる場合も多いことから，一度定めた形を記録しておいて，維持管理に努める必要がある。このため目録においては，書誌データとは別に「典拠データ（authority data）」を作成している。

　次ページの2-3図は，ハンナ・アーレントに対する国立国会図書館の典拠データである。「標目」とある行が典拠形アクセス・ポイントで[14]，同館では原綴形に生没年を付した形を採用している。一方，複数存在する日本語の形も検索に資するため，別途列挙されている。これを「異形アクセス・ポイント（variant access point）」といい，こちらの形からも検索が可能となっている。典拠形アクセス・ポイントと異形アクセス・ポイントを合わせて「統制形アクセス・ポイント（controlled access point）という。これらを含む典拠データを維持管理する作業を，アクセス・ポイントの根拠（典拠）を明確にして管理（コントロール）するといった意味あいで，「典拠コントロール（authority control）」と呼ぶ。

13：アクセス・ポイントに採用される個人名は，「姓，名」の形式で記すことになっている。

14：「標目（heading）」とは，アクセス・ポイントと類似した意味で長く用いられてきた用語である。カード目録に由来する用語であり，本章で説明している新しい枠組みでは用いられないが，『日本目録規則 1987年版』（本章7節2項参照）までは用いられていたため，OPAC等の表示には今も現れることがある。

Arendt, Hannah, 1906-1975	
ID	00431670
典拠種別 skos:inScheme	個人名
標目 xl:prefLabel	Arendt, Hannah, 1906-1975
別名（を見よ参照） xl:altLabel	アレント, H; アレント, ハンナ; アーレント, ハンナ; アーレント, ハナ
生年 rda:dateOfBirth	1906
没年 rda:dateOfDeath	1975
関連リンク/出典 skos:exactMatch	n50023617 (LCNAME); NDL|00431670 (VIAF)
出典 dct:source	革命について
作成日 dct:created	1997-03-31
最終更新日 dct:modified	2019-01-07T18:15:13

2-3図 国立国会図書館の典拠データの例（Web NDL Authorities）

　著者等の例をあげて説明してきたが，主題など，集中機能が必要と認められれば，その他のアクセス・ポイントについても典拠コントロールが行われる。ただ，これは非常に労力のかかる作業であるため，すべてのアクセス・ポイントについて行うのは無理がある。例えば，出版地や出版者は，集中機能を提供する意味合いは一定程度あるが，著者等や主題に比べれば重要度が劣るため，これらの典拠コントロールを行っている目録はほとんどない。ISBNのようにファインディング・リスト機能のみに必要なものを含め，典拠コントロールされないアクセス・ポイントを「非統制形アクセス・ポイント（uncontrolled access point）」と呼ぶ。

　典拠コントロールは，書誌データ作成の背後に隠れているが，目録の信頼性確保に欠かせない重要な仕事である。一方で目録では，識別の機能も重視しているため，「ハンナ・アーレント著」「H. アレント著」といった資料上に現れる著者の表記も必要と考え[15]，典拠形アクセス・ポイントとは別に「責任表示」

と称して資料に忠実な記録をも行う。つまり，各資料がどのようなものなのか
を「識別」するための情報と資料を「検索」するための情報とを，必要に応じ
て分けて考えている。

（3）目録の対象：著作と版

ここまでの説明では，書架に並ぶ図書などを想定して，検索される対象を
「資料」と表現してきた。しかし何が検索対象（すなわち目録対象）となるか
は，もう少し深く考えてみるとそう単純ではない。

村上春樹の小説『ノルウェイの森』は，1987年に講談社から単行本として出
版された後，講談社文庫でも刊行され，また，『村上春樹全作品1979〜1989』
という作品集の6巻にも収録されている。さらにこの作品は，各国語に翻訳さ
れて海外でも広く出版され，国内でも英語版が刊行されている。

このような場合に目録の世界では，「ノルウェイの森」という作品自体を
「著作（work）」と呼び，単行本・文庫本のような個々の刊行物を「版（edi-
tion）」と呼ぶ。著作は知的・芸術的な創作物というべきもので，まだ目に見
えない仮想的な存在である。その著作を図書などの"物"として具体化したも
のが版である[16]。同一著作から複数の版が生まれるとき，単行本・文庫本のよ
うに中身（内容）に差がないこともあれば，改訂版や翻訳版のように中身が異
なる場合もある[17]。なおネットワーク情報資源も出現した今日では，版を必ず
しも"物"とは言い切りにくくなったが，一般的には，著作が何らかの「キャ
リア（carrier）／物理媒体」に固定されて「版」が生まれるとイメージして差
し支えない（ネットワーク情報資源もどこかのサーバに固定されている）。

図書館で「資料」を検索する場合，版の異なりに対する利用者のとらえ方は
さまざまである。単行本・文庫本について，中身は同じだからどちらでもいい
という人もいようし，携帯に便利だから文庫本を選択する人もいよう。改訂を

15：例えば同じ著者の同じタイトルの資料でも，著者の表記の差から別の資料であることがわ
　　かる場合があり，識別という意味では，表記の違いは重要である。
16：通常，数百冊から数十万冊といった多数の"物"が同一の版として出版される。版は,1冊
　　1冊の"物"を指す概念ではなく，同じ"物"の集合を指す概念である。
17：改訂版や翻訳版などの形で出版される場合，原則として，異なる著作ではなく，同じ著作
　　のバリエーションとみなされることになっている。

重ねた資料の場合は，通常は最新版が望まれよう。学術研究目的のためにあえ
て旧版を求めたり，すべての版を網羅的に求めたりする場合もありうる。つま
り，版を特に問わず著作を探す場合と著作の特定の版を意識して探す場合があ
り，目録はどちらの要求にも応える必要がある。

　目録法では，「版」を基本的な単位として扱い，その上で著作に対する検索
をも保障しようとしている。それは具体的には，特定の著作の諸版が一覧でき
る（つまり利用者が適切な版を選択できる）ということを意味しており，前述
の「集中機能」の一種としてとらえられる。

3．FRBR モデル：目録の概念モデル

　前節で，目録法の基本的な考え方について述べた。ここで述べた考え方は，
説明に用いた用語などは更新されているが，近代目録法の発展（本章7節を参
照）と共に形成され，国際的な合意ともなってきた考え方であり，各国の目録
規則の基底をなしてきたものである。

　1990年代に入って，目録が扱う「書誌的宇宙（bibliographic universe）」[18]を
整理した「概念モデル（conceptual model）」を作成し，書誌データや典拠デ
ータに求められる「要件」を考察する検討が，国際図書館連盟（International
Federation of Library Associations and Institutions：IFLA[19]）によって行われ
た。その検討の成果は，1997年に報告書『書誌レコードの機能要件（Function-
al Requirements for Bibliographic Records：FRBR）』[20]としてまとめられ，翌
年刊行された。FRBR の概念モデル（以下，FRBR モデル）は発表当初から，
目録法の見直しに有用性の高いものと評価され，21世紀に入ってから作られた

18：図書館の目録が扱う資料や必要となる機能等の範囲を指す，やや曖昧なことばである。本
　　章2節で述べた目録法の基本的な考え方の範囲とイメージされたい。
19：素直に略すと"IFLAI"になるのだが，"Institutions"は後から名前に加わったものであ
　　り，そのときには"IFLA"という略称が一般化していたので，これが加わった後も，略
　　称は変更されていない。
20：名称中の「書誌レコード」は，ここでは「書誌データ」と同じと考えてよい。なお，bibli-
　　ographic record を「書誌的記録」と訳す場合もある。このように訳す場合の意味合い
　　については，1章4節2項を参照されたい。

国際原則や目録規則の多くがこれを基盤としている。NCR2018もその一つであり，目録規則を理解する上で，FRBRの理解は不可欠である。

　なお，FRBRは書誌的宇宙の全体を対象としているが，書誌データに関する検討が詳細なのに対し，典拠データに関する検討は簡略であった。それを補完する姉妹編の報告書として，『典拠データの機能要件（Functional Requirements for Authority Data：FRAD)』が2009年に，『主題典拠データの機能要件（Functional Requirements for Subject Authority Data：FRSAD)』が2010年に，それぞれ刊行された。

（1）概念モデルの必要性

　FRBRモデルは，データベース設計等によく用いられる「実体関連分析（E–R分析)」と呼ばれる手法によって，書誌的宇宙のモデル化を行ったものである。データベース設計をスムーズに行うには，実際にシステムの作成にとりかかる前に，必要となるデータの種類やその相互関連などを整理する概念モデルの作成を行うことが有効であるとされている。

　目録も，書誌データ・典拠データ等が関連しあったデータベースととらえることができ，これにも概念モデルの作成が有効である。一方，本章1節2項で述べたように，目録作業は目録規則に従うことでその一貫性を保っており，目録規則は書誌データや典拠データに記録されるべきデータの種類を規定しているので，目録データベース作成は目録規則を前提として行われる。したがって目録規則もまた，何らかの概念モデルにもとづいて策定されるべきである。

　FRBRモデルが作られる以前の目録規則においても，策定者の頭の中には何らかのモデルがあったと思われるが，それは明文化されていなかった。1990年代，デジタル化・ネットワーク化による情報環境の大きな変化に対応して，従来の目録法の枠組みを抜本的に見直す活動が行われる中で，はじめて明文化された概念モデルとして，FRBRモデルが生まれることとなった。

（2）FRBRモデルの概要：実体・属性・関連

　実体関連分析の手法では，対象とする世界（ここでは書誌的宇宙を指す）を，「実体（entity)」「属性（attribute)」「関連（relationship)」という三つの要素

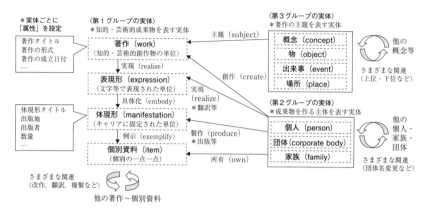

2-4図 FRBR モデルの概要

によって整理する。2-4図に FRBR モデルの概要を示す。

a．実体

　FRBR モデルでは，書誌的宇宙において重要と思われる11個の概念を，「実体」として設定している。2-4図に点線四角で示した11個である。

　実体は，三つのグループに分けられている。

■第1グループの実体（知的・芸術的成果物を表す実体）　「著作（work）」「表現形（expression）」「体現形（manifestation）」「個別資料（item）」という「第1グループ」の4実体は知的・芸術的成果物，すなわち目録の対象となる資料を表しており，書誌的宇宙の中核をなす。これらは，2-5図に示したように，順次具体化されていく構造をもっている。すなわち，抽象的な創作物である「著作」の段階から，テキスト等の形で内容が定まった「表現形」という段階，そのテキスト等が何らかのキャリアに固定された「体現形」という段階を経て，1点1点の"物"を示す「個別資料」の段階にいたる構造である。

　何らかのキャリアに固定された体現形は，本章2節3章で述べた「版」におおむね相当する単位である。FRBR モデルは，目録法の基本的な考え方として古くからあった著作と版というとらえ方を，間に表現形を挿入し，版（体現形）の下に「個別資料」を配する形で拡張したものといえる。

　「版」の異なりには，初版・改訂版や原書・翻訳版のように内容的側面の変

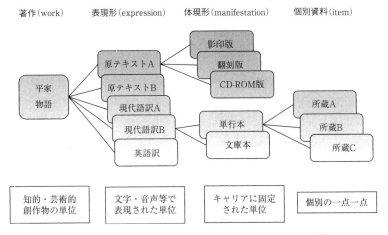

著作（work）　　表現形（expression）　　体現形（manifestation）　　個別資料（item）

2-5図　FRBR モデルにおける「第1グループ」の4実体

更がある場合と，単行本・文庫本や印刷版・電子版の多くのように内容は同一で物理的側面（キャリア）だけを異にする場合とがある。FRBR モデルでは，内容的側面の異なりは「表現形」段階の違い，物理的側面の異なりは「体現形」段階の違いとして，それぞれ区別して扱われる。これにより，「著作と版」という従来の考え方と比べ，目録の対象をより精密にとらえることができるようになった。

❷第2グループの実体（成果物にかかわる主体を表す実体）　「個人（person）」「家族（family）[21]」「団体（corporate body）」という「第2グループ」の3実体は，成果物，すなわち第1グループの実体の生成等にかかわる主体を表す。本章2節2項で説明した著者等の典拠データにあたる実体である。ここまで「著者等」と表現していたが，著者・作曲者などは，著作の生成（「創作」）の主体となった「創作者（creator）」ととらえられる。対して翻訳者は，ある著作の原著を他言語に変換して新たなテキストを作ったので，表現形の生成（ある著作の「実現」）の主体となった「寄与者（contributor）」ととらえられる。さらには，典拠データはあまり作られないが，出版者等を体現形の生成の

21：「冷泉家」「北条氏」のような，血縁等による集団を指す。

主体として，図書館等を個別資料の所有の主体としてとらえることもできる。なお，ある個人や団体が資料によって創作者になったり寄与者になったりする場合があるため，創作者や寄与者といった生成する実体別ではなく，個人・家族・団体という実体の区分となっている。

❸第3グループの実体（著作の主題を表す実体）　加えて，著作の主題を表す「第3グループ」の4実体がある。「犬」「図書館」「教育心理学」のような普通名詞で表される「概念（concept）」，「タイタニック号」のような「物（object）」，「東京オリンピック（2020）」のような「出来事（event）」，「大阪市」「富士山」のような「場所（place）」の各実体がある。なお，「源氏物語の研究」や「紫式部の伝記」のような著作では，著作や個人といった第1グループないし第2グループの実体が第3グループの実体の役割を果たすことになり，第3グループの実体は11個あるという解釈もできる。

b．属性

各実体に対して，その発見・識別等を可能にする性質・特徴を表す記述を作成する必要がある。このために，30ページの2-4図において左側の吹き出しで例を示したような「属性」が設定される。属性は各実体のデータ項目とイメージしてよい。図ではごく一部を示しているが，すべての実体について属性の設定が行われる。性質・特徴を十分に表現しようとすると相当数の属性が必要となる。

c．関連

さらに，実体どうしの間に「関連」が設定される。実体と属性の設定を行っただけでは，各実体はばらばらに存在している状態である。本章2節1項に述べたような目録の機能を実現するには，各実体が有機的に結びついて動作する必要がある。例えば，ハンナ・アーレントの著した資料を網羅的に発見しようとすれば，アーレントという「個人」に関連づけられた「著作」をすべて取り出し，各著作に関連づけられた「表現形」「体現形」を順にたどって集める必要がある。FRBRモデルにおいて関連の設定は，非常に大きな意味をもっている。

❶基本的な関連　2-4図の実線矢印が，FRBRモデルにおける基本的な関連とされている。これには次の3種がある。

（1）第1グループの実体が著作から個別資料へと順次具体化していく関連

　この関連の設定により，ある体現形がどの著作のどの表現形を具体化したものなのか，ある著作にはどのような表現形のバリエーションがあるのかなどがわかる。したがって31ページの2-5図のような資料の構造が把握できることとなり，ある著作に属するすべての資料といった集中機能が実現される。

　⑵　第1グループの実体と，その生成等に関する主体となった第2グループ
　　の実体との間の関連

　個人・家族・団体が本項a❷で述べた創作者の場合は著作との間に，寄与者の場合は表現形との間にといった具合に，その個人等が果たす役割に応じて，著作～個別資料の4実体のいずれかと個人等との間に関連が設定される。この関連の設定により，ある個人が著者となっている著作をすべて発見する，その個人が翻訳者となっている表現形をすべて発見するなど，個人・家族・団体からの集中機能が実現される。

　⑶　著作とその主題となる第3グループの実体との間の関連[22]

　この関連の設定により，ある概念を主題とする著作をすべて発見するなど，主題からの集中機能が実現される。

❷その他の関連　　基本的な関連に加えて，2-4図でカーブした矢印で示した関連もある。

　⑴　著作・表現形・体現形・個別資料と他のこれらとの関連

　「著作Aは著作Bを映画化したもの」「表現形Aは表現形Bを翻訳したもの」など，第1グループの実体間に設定される関連である。これによって，関連する資料を利用者に示すことができる。

　⑵　個人・家族・団体と他のこれらとの関連

　「団体Aは団体Bが名称変更したもの」「個人Aは団体Bの創立者」など，第2グループの実体間に設定される関連である。関連する個人等を利用者に示すことができる。

　⑶　概念等と他の概念等との関連

　概念間の階層構造など，第3グループの実体間に設定される関連である。こ

22：第2グループとの関連が態様に応じて著作～個別資料の4実体ごとに設定されうるのに対して，第3グループとの関連は対象が著作に限定されている。資料の主題は著作生成の時点で決まるからである。

れによって，関連する概念等や概念間の構造などを利用者に示すことができる。

ｄ．利用者タスク

　FRBRモデルにおける実体・属性・関連の設定は，目録利用者の行動モデルを分析した「利用者タスク（user task）」に基づいて行われている。利用者タスクには，情報の「発見（find）」「識別（identify）」「選択（select）」「入手（obtain）」の四つがあり，第1グループの実体（すなわち資料）には4タスクのすべてが，第2・第3グループの実体には発見・識別の2タスクが関係している。FRBRの報告書では，例えば「出版者は体現形の識別と入手に強い重要度を持つ」という具合に，利用者タスクを属性や関連を設定する際の根拠として用いている。

（3）FRBRモデルと目録の機能

　以上の説明を理解した上で，21ページの2-2図に示したNCR2018における「目録の機能」の列挙に戻ると，その時点では理解できなかった用語のほとんどがFRBRモデル由来のものであることが理解できよう。ファインディング・リスト機能と集中機能といった基本的機能，そして典拠コントロールや著作と版といった考え方はかなり古くからあるが，FRBRモデルはそれらを基本的に継承しつつ，より精密にとらえることを可能としている。

（4）国際目録原則

　FRBRモデルをもとに，IFLAは2009年，『国際目録原則覚書（Statement of International Cataloguing Principles：ICP）』（以下本章では「国際目録原則」と記す）を発表した[23]。これは各国・言語圏における目録規則整備等にあたっての指針となるもので，その後改訂されて「2016年版」が最新版となっている。

　国際目録原則（2016年版）は，本文だけなら10ページに満たない短いもので（ほかに「用語集」等が付いている），「適用範囲」「一般原則」「実体，属性および関連」「書誌記述」「アクセス・ポイント」「目録の目的および機能」「探索

23：ただし，これ以前にも通称「パリ原則」と呼ばれる「国際目録原則」があった。だからこれは，正確には「国際目録原則」のFRBRに基づく改訂版というべきかもしれない。「パリ原則」については，本章7節1項bなどを参照されたい。

能力の基盤」の各章からなる。

「一般原則」の章では，目録規則策定にあたっての原則として「再現性（rep-resentation）」「正確性（accuracy）」等の13個の要件を列挙している。そのうち最も重要なものを「利用者の利便性（convenience of the user）」，次に優先するものを「相互運用性（interoperability）」[24]としており，利用者志向と標準化を重視している。最後に置かれた「探索能力の基盤」の章では，OPAC の検索機能に対する指針（書誌データや典拠データがどのようなアクセス・ポイントから検索できるべきか）を述べている。

国際目録原則は，「実体，属性および関連」といった章名にも現れているように，FRBR モデルを基盤としている。21ページの2-2図に示した NCR2018 の「目録の機能」の第2段落に見える「ICP」は国際目録原則を指しており，その「目録の目的および機能」の章をもとにしている。

（5）IFLA LRM：FRBR の後継モデル

2010年代に入って FRBR，FRAD，FRSAD という三つの概念モデルの統合が企図され，2017年にこれらの後継モデルという位置づけの『IFLA 図書館参照モデル（IFLA Library Reference Model：IFLA LRM）』が発表された。これは単なる統合ではなく，より厳密な分析を行って抽象化・一般化を図ったものとなっている。著作・表現形・体現形・個別資料という中心部分は変更されていないが，その他の実体にはかなりの異同がある。

国際目録原則は2016年の改訂で IFLA LRM の用語を一部先取りして取り込んでいる。また，RDA にも IFLA LRM 対応の動きがあるが，NCR2018は従来の FRBR モデルを基盤としているので，本章ではこれ以上の詳細は扱わない。

24：ここでいう「相互運用性」とは，ほかの規則と共通性を持たせて，当該規則によって作成される書誌データなどが，他の規則によって作成される書誌データなどと相互利用できるようにすることを指す。これは重要な概念であり，文脈によって説明に若干の差異があるものの，1章5節3項a，3章5節，7章3節1項dや，その他の少なからぬ箇所でも言及されている。

4. 実体の属性の記録

　本節より，前節で扱った FRBR モデルをふまえ，属性の記録，統制形アクセス・ポイントの構築，関連の記録に分けて，目録規則で扱われる事項の概要を，その背景となる考え方と共に述べる[25]。FRBR モデルを基盤とした目録規則として，RDA（2010）や NCR2018等がある。両者には構成や内容に一定程度の相違もあるが，NCR2018は RDA との相互運用性を意識して策定されており，共通点が多い。なお，本節から6節までの説明中に現れる「目録規則」の語は，特に限定がない場合，FRBR モデルを基盤とした両規則を指すと理解されたい。

　なお，目録規則は FRBR が扱う書誌的宇宙の全体を規定範囲としているが，著作の主題を表す第3グループの実体にかかわる部分は，章立てはあるものの内容の大半は保留となっている（まだ作成されていない）状態である。これは，FRBR モデル以前から，主題からの集中機能を実現するためのアクセス・ポイントの統制が分類表ないしは件名標目表という別途のツール[26]によって行われ，目録規則では詳細な規定を行ってこなかったことに由来している[27]。本書では主題にかかわる組織化を4〜6章で扱い，本章のここより以下では原則としてこれに言及しない。

（1）FRBR の実体群と書誌データ・所蔵データ・典拠データ

a．FRBR モデル以前の目録

　FRBR モデル以前の目録では，「版」を単位とする書誌データを中心として，それに所蔵データを付随させ，さらに必要に応じて典拠データが作成されていた。書誌データは，その資料の識別を可能にする諸情報（タイトルにはじまり，

25：ただし，FRBR モデルに必ずしも由来しない特徴についても述べることがある。
26：図書館員が仕事の道具的に使用する資料をツールと呼ぶことがある。
27：目録法を，目録規則で実質規定がなされる部分を扱う「記述目録法（descriptive cataloging）」と，主題を扱い，目録規則というよりは分類表や件名標目表が主役となる「主題目録法（subject cataloging）」の二つに分けてとらえることが一般的であった。

出版や形態に関する情報など）と発見のためのアクセス・ポイントからなり，前者を「書誌記述（bibliographic description）」と呼んでいた。典拠データとしては，著者等や主題に対するもののほか，必要に応じて著作に対するものも作成されることがあった[28]。

b．FRBR モデルのもとでの目録

　FRBR モデルでは，11個の実体が設定される。それぞれに属性が設定され，実体間の関連も設定されるので，実体ごとにデータを作成して相互に関連づけるのが，FRBR モデルのもとでの目録データベース作成の自然なイメージである。これをそれ以前の形と比べてみると，第2・第3グループの実体については，従来の典拠データと作成単位はほぼ同じである。また第1グループのうち個別資料は，所蔵データに相当する。となると，従来の書誌データを著作・表現形・体現形の3実体に分割してとらえ，相互に関連づけたデータを作成すれば，著作から個別資料へと順次具体化されていく，31ページの2-5図のような構造のイメージとなる。

　しかし，概念モデルである FRBR モデルそのままの形で実際の目録データベースが設計されるとは限らない。概念モデルの作成は，必要となるデータの種類やその相互関連などを整理するためにデータベース設計に先立って行われるが，システム上の制約等からモデルにおける実体の設定とは異なった運用を行う場合もあり，書誌データに，著作・表現形・体現形の属性を合わせて格納することも，しばしば行われる。国際目録原則においても，実体・属性・関連という FRBR の大枠に沿った説明の後に「書誌記述」の章を設け，複数の実体の属性が含まれうるとしている。

　ただし，実体の区別に無頓着でよいわけではない。FRBR モデルを基盤とする以上，書誌データに記録された個々の属性がどの実体のものかを明確に認識し，必要に応じて実体ごとに集約できることが望ましい。当然ながら，目録規

28：本章2節3項で述べた，ある著作の諸版を取り出す集中機能を果たそうとするものである。ただし，著者等の典拠コントロールによって実質的に果たされる（ある著者等による資料群が集中できれば，その中を著作ごとで仕分ければよい）という考え方があり，それでは困難な場合にのみ著作の典拠コントロールが行われてきた。行う範囲は目録規則によって異なるが，多くの版を持つことが多い古典作品などが代表的なものである。

則における属性の記録の規定は，各属性がどの実体のものかを明示している。

（2）エレメントの記録

　実体の属性は，目録規則上では「エレメント（element）」[29]として設定される。エレメントは書誌データ・典拠データ等の構成要素となる。また，ある実体に関するさまざまなエレメントの記録のまとまりを，その実体に関する「記述（description）」[30]と呼ぶ。

　なお，実体の属性だけでなく，実体間の関連も目録規則においてはエレメントとして扱われる[31]。

a．エレメントの設定

　実体の識別等に必要なエレメントが設定され，その数はかなり多い。NCR2018では，著作・表現形・体現形・個別資料に計約260の属性のエレメントが，個人・家族・団体に計約70の属性のエレメントが設定されている。

　これだけ数が多いのは，例えば体現形の属性には，「タイトル」のようにどの資料にも該当するものに加えて，映画フィルムにのみ必要となる「映写速度」といったものも，それぞれエレメントとしているためである[32]。

　各エレメントの重要度には，発見・識別等に欠かせないレベルのものから，あれば特別な場合の参考になるというレベルのものまで幅がある。目録規則では，欠かせないものを「コア・エレメント（core element）」と呼んで明示している。

b．エレメントの構造

　上位・下位の関係性をもってエレメントが設定されている場合がある。これ

29：本章3節2項bでは属性について「データ項目」という説明もしている。したがって，「エレメント」のイメージがわきにくい読者は，データ項目のことと理解されたい。

30：前出の「書誌記述」は資料に対する記述を指して古くから用いられる語で，これを単に「記述」と呼ぶことも多かった。現在の目録規則では何らかの実体に対するエレメントの記録のまとまりを記述ととらえる。例えば個人に対する典拠データの内容は「個人に対する記述」である。

31：関連のエレメントについては本章6節1項aを参照されたい。

32：以前の目録規則では特別な場合のみ必要となる情報について，「注記（note）」といったエレメントに多様な内容をまとめて記録することが多かったが，現在の目録規則はコンピュータ処理を容易にするため，なるべくエレメントを細分する傾向にある。

には次の２種類がある。

１エレメント・サブタイプ　体現形のエレメント「タイトル」のもとに，「本タイトル」「並列タイトル」[33]など種類分けされた下位のエレメントを設定するような例がある。この場合，下位のエレメントを「エレメント・サブタイプ（element subtype）」と呼ぶ。

２サブエレメント　体現形のエレメント「出版表示」のもとに，「出版地」「出版者」「出版日付」などその構成部分となる下位のエレメントを設定するような例がある。この場合，下位のエレメントを「サブエレメント（sub-element）」と呼ぶ。

ｃ．エレメントの記録のルール

　目録規則では，エレメントごとに，その記録の範囲や方法を定めている。どのような場合にどのような情報を記録するのかを明確にしないと，記録内容が一定せず識別等に支障が出るからである。

　例えば，「出版地」というエレメント名からは，ここに国名や出版者の住所などを記すことも考えられるが，このエレメントは原則として都市名（市町村名など）を記録すると規定されている。さらには，資料に複数の出版地が書かれている場合，逆に何も書かれていない場合，架空のものが書かれている場合など，特殊な場合についての規定も詳細に行われている。

ｄ．記録の順序や文法

　ｂのサブエレメントの説明で「出版表示」の例をあげたが，OPAC の画面において出版表示は「東京：岩波書店，2016」のように提示されることが多い。ここで用いられているコロンやコンマの記号は，以前の目録規則で「区切り記号法（punctuation）」として定められていたものである。目録規則では長らく，エレメントをどの順番に，どのような「文法」（記号法など）を用いて記録していくかを定めており，それが OPAC 上の提示方式に反映していることもあった。

　しかしながら，新しい目録規則では，エレメントの設定と記録上のルールを定めることに専念し，記述文法等は扱わないこととなった。目録の作成・提供

33：「本タイトル」は中心的なタイトル，「並列タイトル」は別言語のタイトルと，一応理解されたい。

の情報環境が変化する中で，データの格納方式や提示方式については情報通信
技術の標準等に従ったほうが有効な場合も多く，目録規則からは切り離して柔
軟な選択ができるようにとの考え方による。

（3）資料（著作・表現形・体現形・個別資料）の属性

a．書誌データと実体

　国際目録原則も各目録規則も，書誌データの中心は体現形の記述であるとし
ている。このような考え方は，「版」の単位で書誌データを作成するという伝
統的な考え方（本章2節3項参照）の延長線上にあるといえる。これに基づけ
ば，まずは体現形の記述（属性の記録）を行い，あわせて他の実体の記述を作
成していくこととなる。本節1項bで述べたように，著作・表現形については，
FRBRモデルに忠実に体現形とは別にデータを作成することも，体現形と一体
のデータを作成することもできる。著作・表現形のデータを別に作成する場合
は，これらのデータはある著作・表現形を具体化した資料をまとめて取り出す
という集中機能を果たす役割を持つので，著作・表現形の典拠データととらえ
られる[34]。

b．国際標準書誌記述（ISBD）

　書誌記述についての国際標準として，IFLAによる「国際標準書誌記述（In-
ternational Standard Bibliographic Description：ISBD）」がある。2011年に刊
行された「統合版（consolidated edition）」[35]が最新版である。

　ISBDの大枠はFRBRモデル以前に作られており，「版」を単位として作成
され資料の識別の役割を果たす書誌記述を扱う（アクセス・ポイントについて
は扱わない）。識別に必要なエレメントを設定すると共に，その記録の範囲や
方法をかなり詳細に定めた，目録規則のひな形といってよいものである。
FRBRモデル導入以前，各国・言語圏の目録規則はおおむねISBDに沿いなが

34：本章2節2項bで述べたように，集中機能を確実に果たすにはアクセス・ポイントの統制
　　が必要で，そのために作成されるデータが典拠データである。なお，アクセス・ポイント
　　の統制については，本章5節で扱う。
35：ISBDは1969年から制定作業が開始された伝統ある標準で，当初は資料の種別ごとに作成
　　されていた。最新版はそれらを一つに統合したものなので，「統合版」と呼ばれている。

ら，固有の出版事情・言語事情等を加味した形で，記述に関する規則を定めていた[36]。

FRBR モデルの視点からみると，ISBD は体現形の属性の記録を中心として，著作・表現形・個別資料の属性も一部含んだものとなっている。複数の実体の属性が十分区別されていないので FRBR モデルに忠実とはいえないが，FRBR モデルを基盤とする「国際目録原則」は書誌記述の章を簡略にとどめ，詳細をISBD に委ねている。現在の目録規則におけるエレメントの設定には，FRBR モデルにおける属性と共に ISBD のエレメントが参考にされている。

c．資料の種別

図書館には，図書，雑誌，録音資料，地図，楽譜，電子資料などのさまざまな資料があり，資料の種別は発見・識別・選択のために重要な情報である。

資料の種別には複数の側面がある。例えば，「地図」などが主に内容を表現する形式の種別を表しているのに対し，「電子資料」はより物理的な側面に基づく種別を表しているといえる。電子書籍や電子地図は通常，内容的側面では図書や地図と変わらず，物理的側面だけが異なるからである。もっともソフトウェアのように，内容を表現する形式にコンピュータ処理が不可欠な資料もある。また，図書と雑誌の別は，内容的側面（文字表現を中心とする）も物理的側面（冊子形態）も同じで，資料の刊行方式の種別に着目したものといえる。

このように資料には複数の側面があるため，目録規則では次のような属性のエレメントを設け，その多角的な組み合わせで資料の種別を表すこととしている。

■**1表現種別**（content type）[37]　表現形の属性であり，内容を表現する形式を示す。「テキスト」「地図」「楽譜」「演奏」「コンピュータ・プログラム」などがある。文字表現主体の通常の図書は「テキスト」となる。電子資料の場合，ソフトウェアは「コンピュータ・プログラム」となるが，電子書籍は「テキスト」となる。

■**2機器種別**（media type）・**キャリア種別**（carrier type）　いずれも体現形

36：ISBD は，本節 2 項 d で述べた記述文法（区切り記号法等）も扱っており，それも多くの目録規則に取り入れられていた。
37：国際目録原則および ISBD では「表現形式（content form）」と呼んでいる。

の属性である。機器種別は，利用に必要な機器の種類を示すもので，「コンピュータ」「ビデオ」「オーディオ」などがある。電子書籍，電子地図，ソフトウェア等は「コンピュータ」となる。図書や地図・地図帳など機器を必要としない資料の場合は「機器不用」と記録する。キャリア種別は，対応する機器種別ごとに設定され，例えば，機器種別「コンピュータ」に対しては，「コンピュータ・ディスク」「オンライン資料」などが設定されている。「機器不用」に対しては「冊子」「シート」などが設定されている。図書や地図帳は「冊子」となり，一枚ものの地図ならば「シート」となる。

❸刊行方式（mode of issuance）　　体現形の属性であり，刊行の形態を示す。「単巻資料」「複数巻単行資料」「逐次刊行物」「更新資料」の４種がある。資料の刊行形態は，完結性の有無によってまず分けられる。前２者は共に完結を予定する，「単行資料（monograph）」と呼ばれる資料で，１巻だけか複数巻にわたるかでさらに区分している。後２者は完結を予定しない資料で，雑誌や新聞のように同じタイトルで巻号が逐次累積していくものが「逐次刊行物（serial）」，ウェブ・ページのように上書きで変化していくものが「更新資料（integrating resource）」である。

d．体現形の属性の記録

　ここから，実体ごとに属性のエレメントについて略述する。本項 a で述べたように体現形の記述が書誌データの中心をなすため，まず体現形の属性について述べる。

❶記述対象　　体現形には通常相当多数の個別資料が存在しており，これには同時に製作（印刷）されたもののほか，時間をおいて製作されたもの（増刷など）が混じっている場合もある。目録作業者は，手元にある個別資料を体現形の代表だと考えて，体現形の記述を作成する[38]。ISBD や目録規則は，同じ体現形に属する個別資料をもとにすれば，基本的に同じ記述となるように設計されている。

　記述対象に関してはもう一つ，逐次刊行物や複数巻単行資料について，全体を対象（記述の作成単位）とするのか個別の各冊を対象とするのかという問題

38：書写資料（手書き資料）のように「版」の概念のない資料の場合は，個別資料を記述対象
　　として，体現形の記述を作成する。

がある。逐次刊行物の場合は，1冊1冊ではなく，その全体が一括されて記述対象となる[39]。複数巻単行資料は，各冊の独立性が高いもの（各冊が明確なタイトル・著者を有するものなど）は個別に，各冊に独立性の薄いもの（上下巻など）は一括されて記述対象となるのが一般的である。シリーズ単位とその中の各冊の単位など，レベルの異なる複数の単位で書誌データを作成し，相互に関連づける運用が行われている場合もある。なお，論文集の中の個々の論文など，資料の構成部分を記述対象とすることもできる[40]。

❷転記を原則とする属性　　　体現形の記述の中心部分は，「タイトル」（最も中心的なタイトルである「本タイトル」のほか，「タイトル関連情報」（サブタイトルなど）等を含む），「責任表示」（著者など，資料の知的・芸術的内容にかかわる個人等の表示），「版表示」（その資料がどのような版かを示す表示），「出版表示」（出版地，出版者，出版日付の表示），「シリーズ表示」（その資料が属するシリーズに関する表示）など，情報源[41]上の表示からの転記を原則とする属性群である。これらは，資料の識別に重要な情報として古くから記録されてきたもので，多くはどの種類の資料でも記録され，コア・エレメントとなっているものも多い。なおこれらの中には，タイトルのように非統制形アクセス・ポイントとして検索上も重要な意味を持つものもある。

　転記により安定的な記録が行われるためには，情報源を明確に定めなくてはならない。ISBDでは，図書の場合，通常冒頭にある「タイトル・ページ／標題紙（title page）」が最優先の情報源となることをはじめ，エレメントごとに情報源を定めている。各目録規則もおおむねISBDに準じているが，国ごとの出版慣行の違いなどもあり，規則により若干の差異はある。図書以外の資料についても，資料種別ごとに定めがある。

　ところで，責任表示として記録される情報の大半（著者など）や，版表示として記録される情報の一部（改訂版など）は，体現形というよりも著作または表現形の属性ではないか，との疑問があるかもしれない。転記を原則とするエ

39：タイトルに軽微でない変更が生じた場合には，別の記述を作成する。

40：本段落で述べたことは一般的にあてはまるが，NCR2018はこの問題について「書誌階層構造」という概念を導入している（本章8節3項c❶参照）。

41：データを記録する際によりどころとなる（多くは当該資料内の）箇所。

レメント群は多くが「～表示」の名称になっているが，これは体現形に表れた「表示」を記録するということを表している[42]。著作や表現形の識別等にも役立つ場合はあるが，主眼は体現形のすがたを忠実に記録するところにある。

❸キャリアに関する属性　　体現形の属性として，キャリア（物理媒体）に関する情報も重要である。キャリアに関する属性のエレメントの代表的なものには，本項 c ❷で述べた機器種別・キャリア種別と，「数量」「大きさ」がある。図書の場合は数量としてページ数もしくは冊数を，大きさとして本の高さを記録するが，その他多様なキャリアごとに計数・計測の方法が定められている。

　加えて，電子資料に用いる「ファイル種別」など，特定の種類のキャリアに対して用いる属性が，多数設定されている。これらには，規則内に用意された語彙のリストから適切な用語を選択して記録するものが多い。例えば「ファイル種別」には，「画像ファイル」「テキスト・ファイル」等の用語がリスト化されており，作業者による記録の不統一を防ぐことができる[43]。

❹その他の属性　　その他の属性のエレメントとして，本項 c ❸で述べた「刊行方式」，入手のための情報である「アクセス制限」，「体現形の識別子」などがある。このうち「識別子（identifier）」は ID 番号等を指し，体現形の場合は ISBN 等を想定している。目録規則は識別子を重視しており，全実体に識別子の属性を設定している。

e．個別資料の属性

　個別資料の属性の記録は，所蔵データの作成にあたる。所蔵データは利用者が資料を入手するための情報を示す大変重要なものであるが，目録規則における個別資料の属性は数も少なく，規定も比較的簡略である。例えば，図書館資料は一般に背ラベル等に表示された「所在記号（location mark/location symbol）」の順に排架されているので，この記号は所蔵データに必須であるが，その記法は目録規則で標準化されていない。

　なお，個別資料を識別ないし選択するための情報が必要になることもある。資料の旧所蔵者を示したい場合や，保存状態を示したい場合などである。こう

42：例えば，著作の著者等を記録する「創作者」は，関連のエレメントとして別にある。
43：その他の箇所にもこうした属性は一定数ある。前項 c に述べた資料の種別を表す属性もこれに該当する。

した情報のための属性が，目録規則で設定されている。

f．著作の属性

■著作とみなす範囲　　他の実体に比べ，知的・芸術的内容という抽象的な存在である著作は，その範囲が必ずしも明確でない。翻訳や改訂は，通常同一の著作内のバリエーション（すなわち異なる表現形の生成）とみなされる。一方，同じく「原作」からのバリエーションであっても，舞台を別の国に置き換えたもの，子ども向けに書き直したもの，小説の映画化のようにジャンルを異にしたものなどは翻案ないし改作と呼ばれ，新しい著作の生成とみなされる。また，音楽作品の場合は，作曲者による作品が著作で，その楽譜や個々の演奏（音源）はそれぞれ表現形とみなされる。迷うケースもあるが，原作からの「距離感」を勘案して，歴史的に蓄積されてきた基準により判断されている。

■著作の識別のための属性　　著作の属性のエレメントは，その役割という視点から，二つに大別できる。一つは著作の識別のための属性で，もう一つは著作の内容に関する属性である。

　著作を識別する第一の要素となる属性は，「著作のタイトル」である。著作のタイトルを基礎として本章5節に述べる統制形アクセス・ポイントが構築されるので，タイトルについては5節3項aで述べる。タイトルに付加して統制形アクセス・ポイントの一部となりうる属性に，「著作の形式」「著作の日付」等がある。その他に，「著作の識別子」等も属性として設定されている。識別のための属性は，著作の典拠コントロールと密接に関係している。

■著作の内容に関する属性　　「対象利用者」等，著作の内容に関する属性もいくつか設定されている。典拠コントロールとの関係は薄く，書誌データ内で表現されることが多い。

g．表現形の属性

■表現形の識別のための属性　　著作と同様に表現形の属性のエレメントも，その役割という視点から，二つに大別できる。本章5節3項cで述べるように，表現形に対する統制形アクセス・ポイントは著作のタイトルを用いて構築されるので，表現形のタイトルの属性は存在しない。付加に用いられる属性に，本項c■で述べた表現種別のほか，「表現形の言語」等がある。その他に，「表現形の識別子」等も属性として設定されている。著作の場合と同様，識別のため

の属性は典拠コントロールと関連している。

❷表現形の内容に関する属性　　表現形の内容に関する属性が相当数設定されている。地図の縮尺等を記録する「尺度」，録音・映像資料等に用いる「所要時間」など，特定の表現種別の資料には重要な属性がある。典拠コントロールとの関係は薄く，書誌データ内で表現されることが多い。

（4）個人・家族・団体の属性

ａ．記述対象

　集中機能のための典拠データにあたる実体であり，複数の名称があっても同一の個人・家族・団体であれば一つの記述を作成する。ただし，若干注意が必要な場合もある。目録規則にもよるが，大学教授の職もつとめる作家が，小説にはペンネームを，学術著作には本名を使い分けているような場合，目録においてはそれぞれの名前を別々の人格（異なる個人）とみなし，あえて統一せずに別々に記述を作成する。また，団体の名称が変更された場合も，それぞれを異なる団体とみなして扱うのが一般的である。

ｂ．属性の記録

　個人・家族・団体の記述は，それ自体の情報を得るためではなく，資料にたどりつくために用いられる。このため，設定されている属性は，すべて識別のための属性であり，典拠コントロールに資するものである。

　個人・家族・団体を識別する第一の要素となる属性は，その「名称」である。名称を基礎として本章5節に述べる統制形アクセス・ポイントが構築されるので，名称については5節2項ａで述べる。名称に付加して統制形アクセス・ポイントの一部となりうる属性に，個人の場合「個人と結びつく日付」「活動分野」等が，団体の場合「団体と結びつく場所」等がある。その他に，統制形アクセス・ポイントの一部にはならないが識別に役立つ属性も設定されている。個人の場合であれば，「出生地」「所属」「個人の識別子」等である。

5．実体に対する統制形アクセス・ポイント

（1）統制形アクセス・ポイントとその標準化

a．統制形アクセス・ポイント

　本章2節2項bに述べたように，アクセス・ポイントには，統制形アクセス・ポイントと非統制形アクセス・ポイントがある。非統制形アクセス・ポイントは，実体の属性のエレメントの値を，そのままOPACにおける検索の手がかりとするもので，目録作業者にとって属性の記録を行う以上の作業はない[44]。本節では，集中機能を果たすために作成される統制形アクセス・ポイントについて扱う。

　FRBRモデルにおいて，集中機能は実体間の基本的な関連の記録によって果たされる（本章3節2項c■参照）。すなわち，ある個人が創作した著作を求める場合は個人から著作へと，またある著作を具体化した体現形を求める場合は著作から（表現形を介して）体現形へと，関連をたどることとなる。このためには，たどる起点となる実体（前文の2例では，それぞれ個人と著作）が確実に発見・識別できなくてはならない。そこで，各実体に対して典拠コントロールを行い，統制形アクセス・ポイントを与える。ただし，現在の目録規則では，体現形・個別資料に対する統制形アクセス・ポイントの規定は作られておらず，対象となっているのは，著作・表現形および個人・家族・団体である。

　統制形アクセス・ポイントには，本章2節2項bでも記したように，次の二つがある。

■典拠形アクセス・ポイント　　　典拠コントロールの結果，各実体に対して必ず一つだけ与えられるアクセス・ポイント。その実体を確実に識別するために，他の実体に対する典拠形アクセス・ポイントとは必ず異なる形をとるようにする。関連の記録に用いられる。なお，集中機能を果たすために「一つの形」を定めるもので，「正しい形」を追求するものではない。

44：属性のエレメントの値すべてがアクセス・ポイントと扱われる（検索対象となる）わけではなく，その範囲はOPACの設計に依存する。

❷異形アクセス・ポイント　　典拠コントロールの過程で，典拠形アクセス・ポイント以外に，実体の発見に必要と考えられるアクセス・ポイント。複数与えられる場合も，一つも与えられない場合もある。

ｂ．アクセス・ポイントに関する標準化

　前節で述べた ISBD のような詳細な標準は，アクセス・ポイントの構築に関しては作られていない。「国際目録原則」が「アクセス・ポイント」の章を設けて扱っているが，概括的なものである。各目録規則は，この原則に沿いつつアクセス・ポイントに関する詳細規定を行っている。

（2）個人・家族・団体に対する統制形アクセス・ポイント

ａ．優先名称

　名称には「優先名称（preferred name）」と「異形名称（variant name）」があり，優先名称が典拠形アクセス・ポイントの中核となる。「川端，康成[45]」「Arendt, Hanna」「日本図書館協会」のように，その実体を識別する名称を一つ選択し，属性のエレメント「個人の優先名称」「団体の優先名称」等に記録する。

　優先名称の選択について国際目録原則では，その個人等による資料（体現形）によく現れる形や参考情報源（人名辞典など）に現れる形を優先するとしている。つまり，本名や正式名称といったことより，一般的な通用性を重んじる。また，翻訳等により複数の言語による名称がある場合には，もとの言語で表現された体現形に表れる形（ハンナ・アーレントであればドイツ語の形）を優先するとしつつも，目録の利用者にもっとも適切な言語の形（例えば日本語の「アーレント，ハンナ」）をとってもよいとしている。各目録規則も，国際目録原則におおむね近い規定（言語については目録作成機関の選択の余地を残す）となっている。

　その他に目録規則では，通常の姓・名によらない名称の扱いや団体の下部組織の扱いなど，多様な状況に応じて優先名称の形に関する規定を行っている。

45：本章2節2項ｂの脚注で同様のことに触れたが，個人の名称については，言語等を問わず「姓，名」の形をとる方式が，古くから多くの目録規則で適用されてきた。

ｂ．典拠形アクセス・ポイントの構築

　26ページの2－3図の例でハンナ・アーレントに対する典拠形アクセス・ポイントは「Arendt, Hannah, 1906-1975」と，優先名称に「生年」「没年」を付加したものになっている。典拠形アクセス・ポイントは，個人・家族・団体の優先名称を基礎として，その他の属性のエレメントを必要に応じ「識別要素（identifying characteristics）」として付加し，構築する。

　典拠形アクセス・ポイントは，他の個人等に対するものと判別できるものでなくてはならないので，同姓同名の個人や同一名称の団体がある場合には，何らかの識別要素を必ず付加する必要がある。個人の場合には，属性「生年」「没年」が識別要素として最も一般的に使用される。それだけでは不十分なとき（または生年等が不明のとき）は「中村，功，1935-　医師」（生年も同じ同姓同名の個人がいるため，属性「職業」をも付加）のように何らかの形で判別可能とする[46]。団体の場合には，属性「団体と結びつく場所」（所在地）などがよく用いられる。

ｃ．異形名称と異形アクセス・ポイント

　優先名称としなかった名称（筆名を優先名称とした場合の本名など）や優先名称の異なる形（異なる言語による形など）を，属性のエレメント「個人の異形名称」等に記録し，これをもとに異形アクセス・ポイントを構築することがある[47]。これは，典拠形アクセス・ポイントとは異なる形から実体を発見できるようにするためのものであり，いくつ構築してもよく，また必要がなければ構築しなくてもよい。

（3）著作・表現形に対する統制形アクセス・ポイント

ａ．優先タイトル

　著作のタイトルには，「優先タイトル（preferred title）」と「異形タイトル

46：同姓同名等がなければ，優先名称のみで典拠形アクセス・ポイントとしてもよい。アーレントの例では同姓同名はいないが，目録規則では判別の必要がなくとも判明した生年・没年を付加してよいとの規定がある。

47：2－3図に「別名」としてあげられている「アレント，H」等が，異形アクセス・ポイントにあたる。この例は異形名称のみの形だが，生年等の識別要素を付加して構築される場合もある。

（variant title）」があり，優先タイトルが著作・表現形に対する典拠形アクセス・ポイントの中核となる。「ノルウェイの森」「平家物語」「The great Gatsby」のように，その著作を識別するタイトルを一つ選択し，著作の属性のエレメント「著作の優先タイトル」に記録する。

　優先タイトルの選択について国際目録原則では，その著作の最初の体現形に現れた形（つまり，オリジナルのタイトル）を第一に優先し，共通して用いられている形を次に優先するとしている。目録規則では，近現代の著作には前者（最初の体現形のタイトル）を，古典的著作には後者（体現形上の表示や参考情報源によく現れる形）を優先する規定が一般的である。翻訳等により複数の言語によるタイトルがある場合には，原語のタイトルが優先される[48]。

　その他に目録規則では，著作の部分や集合を対象とする場合，音楽作品や法令等といった特殊な種類の著作の場合など，多様な状況に応じて優先タイトルの形に関する規定を行っている。

b．著作に対する典拠形アクセス・ポイントの構築

　著作に対する典拠形アクセス・ポイントについて，国際目録原則は二つの方式を提示し，各目録規則もこれに従っている。以下その二つの方式について説明し，最後に識別要素の付加について述べる。

■1優先タイトルと創作者に対する典拠形アクセス・ポイントとの結合　例えば，村上春樹の小説「ノルウェイの森」に対する典拠形アクセス・ポイントは「村上，春樹，1949-. ノルウェイの森」のようになる。すなわち，著作の優先タイトルと，著作の創作者である個人等に対する典拠形アクセス・ポイントを結合させた形である。

　創作者が明確な著作は，この形をとる。創作者とタイトルの組み合わせは学術文献における引用記述でも一般的な形であり，目録法の伝統においても著作を識別する自然な形ととらえられてきた（創作者については，本章6節2項bを参照）。共著のように複数の創作者がある場合は，「細野，公男，1940-；長塚，隆，1948-. デジタル環境と図書館の未来」のように全創作者を列挙する方式と，最も主要な（あるいは最初の）一つに絞る方式がある[49]。

48：ただしNCR2018は，日本語のタイトルを優先する別法（別の方法）を設けている。

❷**優先タイトル単独**　例えば，著者が不明な著作「平家物語」に対する典拠形アクセス・ポイントは，優先タイトル単独の「平家物語」となる。この他にも，映画作品など，優先タイトル単独の形をとるものがある。

❸**識別要素**　個人・家族・団体に対するものと同様に，著作に対する典拠形アクセス・ポイントも，他の著作と判別できるものでなくてはならない。このため，必要に応じてその他の属性のエレメントを識別要素として付加する。著作の場合，タイトルが同じ著作は多くあるが，優先タイトルと創作者を組み合わせるとかなり判別性が高まるので，識別要素を必要とする場面は個人等に比べると多くない。

c．表現形に対する典拠形アクセス・ポイントの構築

ここまで取り上げてきた実体では優先名称または優先タイトルが典拠形アクセス・ポイントの基礎となってきた。しかし，表現形については，属性のエレメントとして，タイトルを設定していない。

表現形は常に，何らかの著作を特定の表現として具体化したものなので，表現形に対する典拠形アクセス・ポイントは，著作に対する典拠形アクセス・ポイントを基礎として，一つ以上の識別要素を付加した形をとる。識別要素は，表現形の属性のエレメントからとられ，比較的よく用いられるのは「表現形の言語」「表現種別」等である。例えば，「ノルウェイの森」の中国語訳に対する典拠形アクセス・ポイントは「村上，春樹，1949-．ノルウェイの森．中国語」のように，朗読されたものならば「村上，春樹，1949-．ノルウェイの森．話声」（「話声」は，表現種別の１種）のようになる[50]。

d．著作の異形タイトルと著作・表現形に対する異形アクセス・ポイント

優先タイトルとしなかったタイトル（翻訳されたタイトルなど）を属性のエレメント「著作の異形タイトル」に記録し，これをもとに著作・表現形に対する異形アクセス・ポイントを構築することがある。これは，典拠形アクセス・ポイントとは異なる形から著作・表現形を発見できるようにするためのもので

49：RDA も NCR2018も両方の方式の選択肢を示しているが，RDA は一つだけとする方式を本則（基本的な規則）とし，NCR2018はすべて列挙する方式を本則としている。

50：識別要素には多様なものを含むことができるようになっており，例えば複数の中国語訳があって区別の必要があれば，訳者名等をさらに付加すればよい。

あり，いくつ構築してもよく，また必要がなければ構築しなくてもよい。

6．実体間の関連の記録

（1）関連の記録の方法

a．関連のエレメント

　本章3節2項cで述べたように，FRBR モデルにおいて実体間の関連は大きな意味をもっており，これを属性とは別にとらえるのがこのモデルの特徴の一つといえる。

　目録規則においても関連は属性とは別の章で扱われているが，属性と同じく「エレメント」が設定され，これに記録することになっている。すなわち，本章4節で述べた実体の属性のエレメントのほかに，実体間の関連のエレメントがある。関連の種類に対応してエレメントが設定され，NCR2018には約30のエレメントがある。

b．関連の記録の方法

　例えば，ある体現形がどんな表現形を具体化したものかを記録する「体現形から表現形への関連」がある。以下の説明では，この例の体現形を「関連元」，表現形を「関連先」と呼ぶ。関連は実体間に設定されるので，関連元も関連先も実体となる。

　関連のエレメントは，関連元の実体の記述に含められ，関連先の実体を特定する記録を行う。つまり上の例「体現形から表現形への関連」は体現形の記述に含められ，その内容はこれの表現形を特定できる記録である。

　関連先の実体を特定する記録には，いくつかの方法があり，代表的なものは典拠形アクセス・ポイントと識別子である[51]。典拠形アクセス・ポイントは，本章5節で述べた方式で構築された形である。識別子は，その実体を間違いなく識別できる ID 番号等である。

51：その他に，当該実体のいくつかの属性を組み合わせるなどして記述的に記録する方式が認められている場合もある。

（2）基本的な関連の記録

　本章3節2項c**❶**で述べた実体間の基本的な関連は，集中機能を実現するために大変重要なものである。

a．著作から個別資料へと順次具体化していく関連

　FRBRモデルの第1グループの実体間の基本的な関連である。30ページの2-4図でも示しているように，モデル上は著作–表現形，表現形–体現形，体現形–個別資料の間の各関連があり，それぞれエレメントとなっている。

　さらに，RDA，NCR2018共に，著作–体現形の間の関連のエレメントも設定している。両規則では，すべての体現形について属する著作が明示され，著作からの集中機能が果たされることを必須の要件とし，一方表現形レベルの集中機能は必須とはしていない。このため，著作–表現形，表現形–体現形を共に記録するFRBRモデル本来の方式に加えて，著作–体現形という一つの関連の記録で済ませる方式を許容している。

b．資料（著作〜個別資料）と個人・家族・団体との間の関連

　FRBRモデルの第1グループの実体と第2グループの実体との間の関連である。著作を関連元とする「創作者」等，表現形を関連元とする「寄与者」，体現形を関連元とする「出版者」等，個別資料を関連元とする「所有者」等がある。いずれも，関連先となる個人・家族・団体に対する典拠形アクセス・ポイント等を記録する。

　関連の種類ごとにエレメントが設定されているが，「創作者」「寄与者」等では一般的に過ぎるため，さらに詳細な種類を表す「関連指示子（relationship designator）」を典拠形アクセス・ポイント等と合わせて記録する仕組みをとっている。これらの関連の記録に用いる関連指示子は，資料に対する役割の種類を整理したもので，目録規則の付録にリストが用意されている。例えば，「著者」「作曲者」「撮影者」などは関連「創作者」に，「訳者」「歌唱者」などは関連「寄与者」に用いる指示子である。NCR2018では約150の指示子が設定されている。

　ところで，本章5節3項bで述べたように創作者に対する典拠形アクセス・ポイントは著作に対する典拠形アクセス・ポイントにも含まれるので，創作者

と見なす範囲は目録全体に与える影響が大きい。目録規則では各種の著作の創作者に関する規定を行っているが，関連指示子のリストもその判断材料となる。

（3）その他の関連の記録

本章3節2項c**2**で述べた実体間のその他の関連は，目録上で利用者がたどりついた実体の記述から関連する実体を参照するリンク機能を可能にするものである。

ａ．著作・表現形・体現形・個別資料と他のこれらとの関連

「著作Ａは著作Ｂを映画化したもの」「表現形Ａは表現形Ｂを翻訳したもの」など，FRBRの第1グループの実体間に設定される関連である。「著作間の関連」など，実体ごとに関連のエレメントが設定されている。

この関連は非常に多様である。上例の映画化や翻訳は，何らかの原作からの「派生」（derivative）の関連である。ほかに，シリーズとその中の1冊や論文集と収録論文のような「全体・部分」（whole-part），本体と付属資料のような「付属・付加」（accompanying），前編と続編のような「連続」（sequential），元版と複製版のような「等価」（equivalent）等の関連がある。目録規則では，「映画化」「翻訳」といったレベルで詳細な種類を表すため，前項ｂに述べた資料と個人・家族・団体との関連と同様に関連指示子を用いることとし，そのリストを用意している。NCR2018では約350の指示子が設定されている。

ｂ．個人・家族・団体と他のこれらとの関連

FRBRの第2グループの実体間に設定される関連である。本章4節4項ａでこれらの実体の記述の対象について述べたが，そこで例示した特殊な状況の場合，「個人Ａ（本名）と個人Ｂ（筆名）は別人格扱いしているが，実は同一人物」「団体Ａは団体Ｂが名称変更したもの」といった関連の記録が必要である。その他，「個人Ａは団体Ｂの創立者」など，多様な関連がありうる。

「個人・家族・団体と個人との関連」のように，関連先とする実体ごとに関連のエレメントが設定されている。また関連指示子が用いられ，NCR2018では約60の指示子が設定されている。

7．目録法の歴史的展開と現在

　紀元前 3 世紀頃，エジプトのアレクサンドリア図書館では「ピナケス
(Pinakes)」と呼ばれる目録が編纂されていたといわれ，目録の歴史は大変古
い。しかし本節では，現代の目録規則につながる範囲に絞って歴史を略述する。

（1） 西洋の目録規則：英米の目録規則と国際的標準化

a．近代目録規則の誕生

　近代的な目録法が登場したのは19世紀半ばのことである。1841年刊行の『大
英博物館刊本目録』には，パニッツィ（Antonio Panizzi）の手になる「91カ
条の規則」が付された。これは成文化された最初の目録規則といわれている。
次いで米国では1876年，カッター（Charles Ammi Cutter）による『辞書体目
録規則』が発表された。これは今日でも目録の機能とされているファインディ
ング・リスト機能，集中機能などの原則についても述べた，画期的なものであ
った。

　なお，この頃は冊子体目録に代わって，カード目録が登場した時代でもある。
カード目録は，書誌記述や所在記号を記し，さらに現在のアクセス・ポイント
にほぼ相当する「標目（heading）」（本章 2 節 2 項 b の脚注参照）を付した定
型の厚紙のカードを作成し，標目の音順に排列するものである。

　また，この頃英米両国にそれぞれ図書館協会が設立され，1880年代に入ると
相次いで国内標準目録規則が作成された。20世紀に入ると，英語圏内統一の動
きが起こり，1908年に通称「英米コード（Anglo-American Code）」が作成さ
れたが，英米両国には見解の相違が残った。その後もこれは完全な統一規則と
はならず，第二次大戦後にいたるまで，両国独自に改訂作業が行われていた。

b．目録原則の統一

　国際図書館連盟（IFLA）は1927年に設立され，ここで目録規則の標準化が
企図されたが，その動きが本格化したのは第二次大戦後のことである。1961年，
パリで「目録原則国際会議（International Conference on Cataloguing Princi-
ples：ICCP）」が開かれ，「パリ原則」と通称される「国際目録原則覚書」が

合意にいたった。この会議では，特に英米系の目録規則と独自の発達をとげて
いたドイツ系の目録規則との差異が議論され，国際合意がはかられた。さらに
1969年以降70年代にかけて，国際標準書誌記述（ISBD）の制定作業が行われ，
以後，各国の目録規則はパリ原則とISBDを基礎に整備されていくこととなっ
た。

　パリ原則は，「著者基本記入方式（author main entry system）」と呼ばれる
方式を採用した。これは欧米においてカード目録等を前提に確立されたもので，
標目のうち一つを選び，「基本記入標目」として特別に扱う方式である[52]。その
基本記入標目は，著者（創作者，複数の場合は第1著者）を原則とし，著者が
不明な場合等はタイトルを採用することもあった。著者基本記入方式は国際的
原則となり，著作を生んだ知的・芸術的活動の主体が明らかになるなどの理由
から，コンピュータ目録が普及した時代になっても多くの目録規則に採用され
続けた。FRBRモデルを基盤とする今日の目録法では「基本記入」といった考
え方はないが，本章6節3項bで述べた著作に対する典拠形アクセス・ポイン
ト構築のルールでは，創作者の認定が重要になるなど，基本記入方式の考え方
に相通じる側面がある。

ｃ．英米目録規則（AACR）の整備

　パリ原則を受けて，英米にカナダを加えた3国による目録規則制定が進めら
れ，1967年に『英米目録規則』（Anglo-American Cataloguing Rules：AACR1
と略される）が完成した。しかし英米の完全な調整はつかず，「英国版」「北米
版」が並行して刊行された。

　1970年代に入ると，ISBDの整備などもあって再び規則制定の動きが起こり，
1978年に『英米目録規則　第2版』（AACR2と略される）が刊行され，これに
より英米の目録規則の統一が成された。国際標準への対応，非図書資料と図書
の対等な取り扱いなどを方針として策定されたこの規則は，英語圏のみならず，
国際的に広く使われるようになった。AACR1，AACR2は共にパリ原則に従っ

52：「記入（entry）」は，書誌データと所在記号からなる1枚のカードを指し，一つの資料に
　　対して，排列の見出しとなる標目のみを変えた複数枚が作られる。そのうち「基本記入」
　　の1枚のみに詳細な書誌記述等を載せ，他はできる限り簡略化しようというのが，基本記
　　入方式の考え方である。

た著者基本記入方式をとっている。

　なお，AACR2は，日本でも大学図書館等を中心に，洋図書の目録作業に広く使われている。

d．目録法の新しい枠組み

　パリ原則とISBDを国際標準とする目録法の枠組みは，まだカード目録が一般的だった時代のものであり，1990年代に入ると抜本的な再検討が必要だという機運が高まった。本章3節で述べたように，IFLAによる検討の成果であるFRBRモデルが1997年に発表され，この概念モデルが新しい枠組みの基盤となっていった。

　その後IFLAは，パリ原則に代わる新しい目録原則の国際合意をめざして，2003年から世界各国の目録専門家による「国際目録規則に関するIFLA専門家会議（IFLA Meetings of Experts on an International Cataloguing Code：IME-ICC）」を5回にわたって重ね，2009年に新しい「国際目録原則覚書」を策定した。その後，2016年に改訂が行われている[53]。

e．AACRからRDAへ

　AACR2は，1988，1998，2002年にそれぞれ改訂版（revision）が出されたが，その後はFRBRモデルを踏まえた抜本改訂が検討されることとなった。当初は「AACR3」の策定がめざされたが，検討の経緯の中で新たなタイトルの規則を作ることとなり，2010年に『RDA：Resource Description and Access（資源の記述とアクセス）』が刊行された。RDAは，10セクション37章からなり，前半が実体の属性の記録を，後半が実体間の関連の記録を扱う，FRBRモデルに沿った構成である。

　RDAは2013年から北米で本格的な適用がはじまり，その後はドイツ語圏など英語圏以外の地域にも広く普及している。なお，IFLA LRMへの対応など構成等に相当の変更を加えた新版が，2018年に「ベータ版」として公開された。

（2）『日本目録規則（Nippon Cataloging Rules：NCR)』の展開

　近代日本の最初の目録規則は，1893年に日本文庫協会（現在の日本図書館協

53：これについて詳しくは，本章3節4項を参照されたい。

会（Japan Library Association：JLA））が作成した『和漢図書目録編纂規則』
とされる。その後もいくつかの規則が作られているが，戦時中に青年図書館員
聯盟により作成された『日本目録規則』（1942年版）が，日本の標準目録規則
である NCR の源流である。戦後になると，日本図書館協会が標準目録規則の
策定を計画し，『日本目録規則 1952年版』が刊行された。1942年版，1952年版
共に著者基本記入方式をとっている。その後パリ原則の合意をうけた新規則で
ある『日本目録規則 1965年版』が刊行された。これは和洋書を共に対象とす
る比較的詳細な規則で，当然ながらパリ原則に則った著者基本記入方式を採用
している。

　だが実は1950年代日本の図書館界では，基本記入方式と「記述独立方式」の
いずれが望ましいかという論争が起こり，これはパリ原則制定後も続いていた。
記述独立方式とは，基本記入標目を定めず標目をすべて等価と扱う方式であ
る[54]。議論の結果，次第に記述独立方式が合理性あるいは簡易性の観点から支
持され，1977年に記述独立方式をとる『日本目録規則 新版予備版』が刊行さ
れた[55]。新版予備版は和漢書のみを対象とする比較的簡略な規則であり，「本版」
までの過渡的な性格を意図されていた。

　その後「本版」化には時間がかかり，10年をかけて『日本目録規則 1987年
版』が刊行された。1987年版は，記述独立方式を継承しているが，多様な資料
への対応を可能としたこと，ISBD の区切り記号法を採用したこと，「書誌階
層構造」の考え方を導入したことなど，予備版の本版化というレベルを超える
大きな改訂が行われた。「第Ⅰ部　記述」「第Ⅱ部　標目」「第Ⅲ部　排列」の
構成で，第Ⅰ部は「図書」「地図資料」「楽譜」など資料種別の章立てとなって
いた。3部構成といっても，第Ⅰ部と第Ⅱ部が主要部分になるのだが，この部
分が資料を識別するための記述と，検索のための標目に大別されること，記述
を資料種別の章立てにしていること等は，AACR2などとも同じである。

54：基本記入方式は，基本記入標目と書誌記述を一体化してとらえる側面を持つため，そうで
　　ない方式（書誌記述を標目と一体化的にとらえず，記述を標目から独立させて扱う方式）
　　を「記述独立方式」と呼んだ。「等価標目方式」などともいう。
55：パリ原則等の国際標準とは異なった方式となった。基本記入方式をとらない目録規則は，
　　中国・韓国などアジア諸国では一般的であったが，世界的には珍しかった。

　1987年版は，日本の大半の図書館で用いられている。資料の変化に対応して，1994年に「改訂版」，2001年に「改訂2版」，2006年に「改訂3版」が出された。その後は，次節で述べる「2018年版」の策定作業に向かうこととなった。

（3）『日本目録規則 2018年版（Nippon Cataloging Rules 2018 edition：NCR2018)』

　日本目録規則の最新版である『日本目録規則 2018年版』（NCR2018）の構成・特徴を紹介する[56]。ただし，本書では概要を述べるにとどめるので，規則の詳細や実際については，本シリーズ第10巻『情報資源組織演習』のNCR2018対応版[57]を参照されたい。なお，本章4～6節で述べた点はなるべく繰り返さず，NCR2018特有の事項に絞って述べる。

a．策定の経緯と方針

　日本図書館協会によるNCR2018の策定作業の本格的な開始は，2010年であった。その後日本図書館協会と国立国会図書館の連携による策定作業となり，2017年に「全体条文案」を公開し広く意見を募集するなどして，2018年に刊行となった。なお，冊子体だけでなく，ウェブ上でPDF版の無償公開が行われている。

　策定の基本方針として，「国際目録原則」に準拠すると共に，RDAとの相互運用性の担保をはかることとされた。これらはFRBRを基礎としているので，NCR2018もFRBRモデルを基礎とする規則となった。また，RDAとの相互運用性を確保するため，NCR2018はこれと多くの特徴を共有するほか，エレメントを一対一対応させている。一方で，日本の目録慣行や出版状況への配慮やわかりやすさ・使いやすさも策定の方針とされており，RDAとは異なる構成や規定となっている箇所もある。

b．全体構成

　NCR2018の全体構成は，次ページの2-6図のとおりである。（保留）とある章は，刊行時点では未作成の章である。

　「第1部　総説」は，規則の目的，概念モデル，目録の機能，基本用語の説

56：NCR2018による若干のデータ作成事例を本書巻末の資料に収めた。
57：原稿執筆時点では，2020年度中に出版予定。

明など，規則全体にかかわる一般的事項を説明している。
　「第2部　属性」の前半「属性の記録」は，本章4節で述べた属性のエレメ

序説
第1部　総説
　0章　総説
第2部　属性
　＜属性の記録＞
　　セクション1　属性総則
　　1章　属性総則
　　セクション2　著作，表現形，体現
　　　　　　　　形，個別資料
　　2章　体現形
　　3章　個別資料
　　4章　著作
　　5章　表現形
　　セクション3　個人，家族，団体
　　6章　個人
　　7章　家族
　　8章　団体
　　セクション4　概念，物，出来事，
　　　　　　　　場所
　　9～11章　［概念］，［物］，［出来
　　　　　　事］（保留）
　　12章　場所
　＜アクセス・ポイントの構築＞
　　セクション5　アクセス・ポイント
　　21章　アクセス・ポイントの構築
　　　　　総則
　　22章　著作
　　23章　表現形
　　24～25章　［体現形］，［個別資料］
　　　　　　（保留）
　　26章　個人
　　27章　家族
　　28章　団体
　　29～32章　［概念］，［物］，［出来
　　　　　　事］，［場所］（保留）

第3部　関連
　セクション6　関連総則
　　41章　関連総則
　セクション7　資料に関する関連
　　42章　資料に関する基本的関連
　　43章　資料に関するその他の関連
　　44章　資料と個人・家族・団体との
　　　　　関連
　　45章　［資料と主題との関連］（保留）
　セクション8　その他の関連
　　46章　個人・家族・団体の間の関連
　　47章　［主題間の関連］（保留）
付録
　A.1　片仮名表記法
　A.2　大文字使用法
　A.3　略語使用法
　B.1　語彙のリストの用語
　B.2　三次元資料の種類を示す用語と用
　　　　いる助数詞
　C.1　関連指示子：資料に関するその他
　　　　の関連
　C.2　関連指示子：資料と個人・家族・
　　　　団体の関連
　C.3　関連指示子：［資料と主題との関
　　　　連］（保留）
　C.4　関連指示子：個人・家族・団体の
　　　　間の関連
　C.5　関連指示子：［主題間の関連］（保
　　　　留）
　D　　用語解説

2-6図　NCR2018の全体構成

ントの記録の範囲・方法を扱い，分量的には最も大きな部分である。実体別の
章立てになっており，それに先だって全般事項をまとめた「属性総則」がある。

　第2部の後半「アクセス・ポイント」は，本章5節で述べた統制形アクセ
ス・ポイントの構築を扱い，やはり実体別の章立てである。冒頭に「アクセ
ス・ポイントの構築総則」がある。本書の説明では便宜的に「優先名称」「優
先タイトル」についても本章5節で述べたが，NCR2018ではこれらは属性の
エレメントとして扱われ，22章以下は属性のエレメントを組み合わせて統制形
アクセス・ポイントを構築することのみを扱う。

　「第3部　関連」は，本章6節で述べた関連のエレメントの記録を扱ってい
る。「関連総則」に続けて関連の種類別の章立てとなっているが，FRBR モデ
ルの「基本的な関連」「その他の関連」という整理ではなく，資料（第1グル
ープの実体）にかかわる関連とそれ以外の関連に分けている。

c．特徴的な事項

❶書誌階層構造　　NCR は1987年版で，ほかの目録規則にはあまり見られな
い「書誌階層構造」の考え方を導入し，NCR2018もこれを継承している。

　体現形は，シリーズとその中の各巻などのように，それぞれが固有のタイト
ルを有する複数のレベルを形成するものとして，階層的にとらえることができ
る場合がある。次ページの2-7図の例では，『講座日本語と日本語教育』とい
う全16冊のレベルの下に，『日本語の歴史』等の1～2冊のレベルがある。さ
らに，『日本語の歴史』の目次を見ると「アクセントの歴史」のように固有の
タイトル・著者を持つ構成部分の集合体であることがわかる。これらの各レベ
ルを「書誌レベル」という。

　NCR は記述対象として選択することが望ましい書誌レベルとして，「基礎書
誌レベル」を規定している。例にあげた複数巻単行資料では，各部分（巻）が
固有のタイトルを持つ場合は各部分を，固有のタイトルをもたない場合は全体
を，基礎書誌レベルとみなす。雑誌などの逐次刊行物は，その全体を基礎書誌
レベルとみなす。

　本例の場合，部分ごとに固有のタイトルを持つので，『日本語の歴史』等が
基礎書誌レベルとなり，『講座日本語と日本語教育』は「上位書誌レベル」と
みなされる。「アクセントの歴史」のように物理的に独立していないものは常

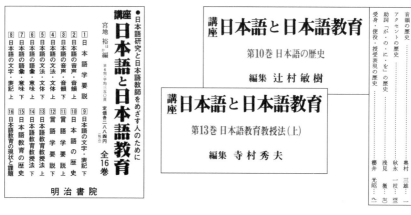

2-7図　書誌階層構造の例

に「下位書誌レベル」とみなされる。やや問題なのは『日本語教育教授法』など，上下２冊が存在している場合である。この場合，１冊１冊を区別する固有のタイトルがあるとはいえないので，２冊で基礎書誌レベルとみなされる。なおこうした場合の１冊１冊を「物理レベル」と呼び，固有のタイトルをもたないものは書誌階層構造を構成する書誌レベルとはみなさないが，この単位で体現形の記述を作成してもよいとしている。

　なお，複数のレベルで記述を作成して相互に関連づける（体現形間の「全体・部分」の関連の記録を行う）こともできる。

❷読みの扱い　　日本の目録では長く，アクセス・ポイント（標目）を記録する際に読みを重視してきた。NCR2018でも読みからの検索は必要と認識し，統制形をとる優先名称・異形名称，優先タイトル・異形タイトルが日本語によるものであれば，読みを付すこととしている（統制形アクセス・ポイントにも付されることとなる）。5〜6節の例では示さなかったが，「村上，春樹 ‖ ムラカミ，ハルキ，1949–. ノルウェイの森 ‖ ノルウェイ　ノ　モリ」のように記録される[58]。なお，体現形の本タイトルなど非統制形アクセス・ポイントとなる属性のエレメントにも読みを付すことができるが，必須ではない。

58：‖ は NCR2018 が便宜的に例示に用いている記号で，この記述文法（この記号を使用した記述方式）を求めているわけではない。

3章 | 書誌データ・メタデータと情報通信技術

1. インターネットとウェブ

　書誌データやメタデータと情報通信技術を語る上で，インターネットとウェブについての知識は欠かせない。そこで，ここでは本章の内容を理解するのに必要となるインターネットとウェブの基本技術要素に焦点を絞って，その概要について述べる。

（1）インターネット

　インターネット（internet）とは，学校や企業内，あるいは家庭内など，さまざまなレベルで構築された「コンピュータ・ネットワーク（computer network）」を相互に結びつけた通信網そのものを指す語である[1]。

（2）ウェブ

　ウェブ（Web）とは，「ワールド・ワイド・ウェブ（World Wide Web）」の略称である。インターネットが，通信網そのものを指す語であるのに比べ，ウェブは通信網の上で情報をやり取りする"仕組み"，あるいは"システム"を指す語であるという点に違いがある。ウェブは以下のような，三つの基本的要素から，構成されている。

a．HTML

　「HTML（HyperText Markup Language）」は，ウェブ・ページを作成するために開発された言語である。HTMLでは特定の記号を利用して，テキストと呼ばれる文字列に印をつける（マークアップ（markup）する）ことで，そ

1：Internet は Inter（相互）＋ Network（ネットワーク）という意味が込められている。

の部分にレイアウト上の指示や属性といった情報を付加することができ，視覚上さまざまな表現が可能になる。3-1図に簡単な HTML の事例を示す。

　この事例における <h1> および </h1>，そして <p> および </p> のようなマークアップするための記号をタグ[2]といい，それぞれに挟まれた文字列に対して，レイアウト等の指示が付加されている。

　例えば，HTML における "h1" には "見出し" の意味があり，これを松葉括弧（<>）で囲むと，マークアップで指示された内容（ここでは「見出し」）の始まりを意味することができる。また松葉括弧の中に左スラッシュをつけたもの（</>）には，その内容の終了の意味があることから，タグ <h1> とタグ </h1> に挟まれた "鹿苑寺" という文字列はウェブ・ページにおいて "見出し" として認識されるようになる。また同様に HTML では "p" は "段落" を意味するので，<p> と </p> で挟まれた一文が "段落" となることも明示されている。

<h1>鹿苑寺</h1>
<p>通称として金閣寺の名がある。京都市北区金閣寺町に位置する。</p>

3-1図 HTML

　このようなタグを通じたマークアップにより，さまざまな指示や情報を付加する言語を「マークアップ言語（markup language）」という。

b．HTTP

　HTML で作成されたウェブ・ページは，インターネット上に規定された「HTTP（HyperText Transfer Protocol）」と称される「通信プロトコル／通信規約（communications protocol）」を通じて，ウェブ・ブラウザで表示される。これはネットワーク上の通信[3]に関する "約束ごと" を意味する用語である[4]。

2：ただし，6章2節3項 b で述べるようにキーワードのたぐいもタグと呼ばれることがあるので，注意されたい。

3：通信とは，何らかの伝達手段を用いて，情報のやり取りを行うこと。

4：近年は情報漏洩（ろうえい）を防ぐ目的から，通信の暗号化に対応した「HTTPS（HTTP over TLS/SSL）」の利用が標準化しつつある。

c．URL

ウェブ・ページや画像ファイルなど，インターネット上に置かれたコンテンツにアクセスするためには，そのコンテンツがどこに存在しているのかを知る必要がある。それを示す，インターネット上の住所に当たるものが「統一資源位置指定子（Uniform Resource Locator：URL）」である。

本書の出版社である「樹村房」のウェブ・サイトを例に考えると，そのURL は，"http://www.jusonbo.co.jp" となっている。URL においては，「：」の前に設定される文字列を「スキーム（scheme）」と呼び，この URL へのアクセスがどのような通信プロトコル等で行われるのかを示している。すなわち，この例ではアクセスに際し，HTTP が用いられることがわかる。なお "//"（ダブルスラッシュ）以降の "www.jusonbo.co.jp" は，この URL で通信対象となるサーバ[5]を示している[6]。

（3）ウェブとコンテンツの共同利用

ウェブにはコンテンツの共同利用（シェア）が容易であるという特質がある。

a．集中作成のコンテンツの場合

3-2図で示した画像は，「いらすとや」というウェブ・サイトから提供されている "フリー素材" の一つである。このウェブ・サイトで提供されるイラストは，利用規約の範囲内であれば，商用であっ

ても無償で利用できるようになっており，　**3-2図**　「いらすとや」のフリー素材[7]
ウェブ・サイトを始め多様な製作物で利用されている。

5：サーバとは，コンピュータ・ネットワーク上で，何らかのサービスを提供するコンピュータやソフトウェアのこと。この場合は，具体的には，樹村房のウェブ・サイトが置かれているサーバを指している。

6：このほかの URL の事例としては，ファイル転送に特化した通信プロトコルとして FTP を利用する ftp://test.example.com やメールアドレスをワンクリックでメール送信用のソフトウェアに組み込むための mailto：test@test.example.com などがある。

7：[みふねたかし]．かわいいフリー素材集 いらすとや．https：//www.irasutoya.com/,（参照 2019-08-26）．

　さまざまな製作物においては，画像に対するニーズがあるが，製作物の担当者には，そういった画像を作成する時間やスキル，予算がないことも多い。それゆえ，このような"フリー素材"は，ウェブを通じて広く共同利用される傾向にある[8]。

b．分担作成のコンテンツの場合

　ウェブにおいては，コンテンツの分担作成が普遍的に行われている側面もある。例えば「Twitter」では，無数の利用者が同時多発的にさまざまな短文の「ツイート（tweet）」を投稿しているが，この状況は，個人では全容を把握することが難しい，リアルタイムな社会の様相を記録するコンテンツを分担作成しているとも考えられる。

　このようなコンテンツについて，利用者は自らにとって必要なものを選び出し，引用の形で再度ツイート（リツイート）を行うことができる。これは利用者間におけるコンテンツの共同利用が容易であることを示している[9]。

2．ウェブにおける情報検索とメタデータ

（1）索引と情報検索：検索エンジン[10]とウェブ・アーカイブ

　情報検索とは，蓄積された情報から目的とする情報を見つけ出すことであるが，ウェブにおける情報検索には，それ以前の時代に開発された高速検索を可能にする「索引（index）」が利用されている。そこで，このような索引の仕組みについて考えてみよう。

　私たちにとって身近な索引として，図書の巻末索引をあげることができる。索引においては，その図書の本文の内容を表す語（索引語）が五十音順に並べられている。3-3図の例であれば「図書館」という語は6ページに載せられ

8：作成した"フリー素材"が利用されることは，作者にとっても知名度の向上や，ウェブ・サイトの広告収入の増加という利点がある。

9：同様の事象は「Facebook」や「Instagram」等の「ソーシャル・ネットワーキング・サービス（Social Networking Service：SNS）」で広く見られる。

10：これについては，4章5節，6章2節3項aでも，こことは少し違った角度から触れている。

ており，そこを見れば「図書館」に関する情報を得ることができる。

一方で「Google」に代表される「検索エンジン（search engine）」では，ウェブ上に存在する無数のウェブ・ページを検索対象とするにもかかわらず，高速な検索環境を提供している。このような環境を実現するものが，巻末索引の考え方から生まれた「インバーテッド・ファイル／転置ファイル（inverted file）」と呼ばれる仕組みである。以下に，その概略を説明する。

【索引】
学校………2，10
司書………4
情報………3，5
図書館……6

3-3図　索引の例

ここにA〜Eまでの5種類のウェブ・ページがあったとする。それぞれのウェブ・ページに含まれる語を単純化したものが，3-4図である。

A……自転車，飛行機
B……自動車，電車
C……自転車，飛行機
D……自動車，タイヤ
E……電車，レール

3-4図　ウェブ・ページとそこに含まれる語

この5種類のウェブ・ページに対し，検索エンジンで「電車」という語を用いて検索するとしよう。この場合，目的のウェブ・ページを見つけ出すためには，検索エンジンが，AからEまでの各ウェブ・ページに一つひとつアクセスし，「電車」という語の有無を確認することで，目的のBとEというウェブ・ページを見つけ出す方法がある。しかし，無数のウェブ・ページを検索対象とする場合，このような方法では検索速度は著しく遅くなり，全く実用的ではない。

そこで，3-4図を次ページの3-5図のように作り変えてみる。3-5図では，索引語を五十音順に並べた上で，その索引語を含むウェブ・ページがどれであるのかを表示している。このようにすれば，「電車」についてのウェブ・

ページがBとEであることが瞬時に判明する。また「自動車とタイヤ」についてのウェブ・ページを探す場合には、「自動車」と「タイヤ」の右側に共通して示されるDが、目的のウェブ・ページとなる。

この3-5図のような仕組みで構築されるコンピュータの検索用ファイルがインバーテッド・ファイルであり、これは"コンピュータ用の索引"であると考えられる。なお、コンピュータの世界では、このよう

自転車……A，C
自動車……B，D
タイヤ……D
電車………B，E
飛行機……A，C
レール……E

3-5図　インバーテッド・ファイル

な索引を英語で索引を意味する「インデックス（index）」と称する場合が多い。以下、本章でもこのような意味で「インデックス」という用語を使用する。

このように、検索エンジンではインデックスを作成することで、無数のウェブ・ページに対する高速な検索環境を実現している。そのうえで検索結果を表示する際には、ウェブ・ページのデータを分析し、計算することで得られる「関連度」や「信頼度」を加味することで、検索エンジンが"最適"と考える最終的な表示順を決定している[11]。

ところで、検索エンジンがこのような作業を行うためには、あらかじめ無数のウェブ・ページの内容を自身で収集しておく必要がある。

このデータの収集には、「クローラ（crawler）」や「ロボット（robot）」と呼ばれるプログラムが用いられ、ウェブ・ページ上のリンクをたどる形で、対象となるページを移動していく。このため、検索エンジンのデータ収集の対象となるためには、クローラを含め、誰もが自由にアクセスできる"オープン（open）"なウェブ上のコンテンツであることと、すでに検索エンジンのデータ収集の対象となっているウェブ・ページとのリンクを有していることが必要となる。なお、クローラによるデータの自動収集を「クロール（crawl）」あるいは「クローリング（crawling）」という。また、このような検索エンジンで、検索が可能なウェブの領域を「表層ウェブ（surface Web）」と呼ぶ。他方、

11：関連度や信頼度を決定するためのアルゴリズム（計算方法）は、公開されておらず、その正確なあり方を知ることはできない。

検索エンジンで，検索が不可能な領域は「深層ウェブ（deep Web）」と呼ぶが，そのデータ量は表層ウェブをはるかにしのぐともいわれている[12]。

　そのほか，検索エンジンと同様にクローラを用いて，ウェブ・ページの収集を行っているサービス[13]に「ウェブ・アーカイブ（Web archive）」がある。検索エンジンは，現時点でアクセスが可能なウェブ・ページのみを検索対象としているが，ウェブ・アーカイブでは，過去には存在したものの，すでに消去されたウェブ・ページや，現時点で存在はするものの，異なる内容となっているウェブ・ページを検索や閲覧の対象としているという違いがある。なお，このような，ウェブ・ページの恒久的保存を目的とした収集活動を「ウェブ・アーカイビング（Web archiving）」という。

　ウェブ・アーカイブには米国の非営利組織が運営する「Wayback Machine」や日本の「国立国会図書館インターネット資料収集保存事業（「Web ARchiving Project：WARP)」などがある。

（2）クエリ

　利用者による，検索エンジンを通じた，「クエリ／問い合わせ（query）」と呼ばれる検索行動には，目的別に三つの概念が存在していると考えられる[14]。一つめは「案内型クエリ（navigational query）」である[15]。これは Facebook や「Amazon」といった"既知の"ウェブ・サービスにたどり着くことを目的に，これらの名称そのものを検索語とするクエリである。

　二つめは，「取引型クエリ（transaction query）」である[16]。利用者は，何らかの行動を目的として，その行動が実行できるウェブ・サイトやウェブ・サービスを探す場合がある。例えば"壁紙　ダウンロード"という検索語の組合せであれば，パソコンやスマートフォンの"壁紙のダウンロード"ができるウェ

12：深層ウェブの最下層を「ダーク・ウェブ（dark Web）」と呼ぶ場合がある。
13：コンピュータの世界では，コンピュータを中心として構成される「システム（system）」のうち，他のシステム（あるいは人）に利用されることを目的としたものを「サービス（service）」という。
14：Broder, A. A Taxonomy of Web Search. SIGIR Forum. 2002, 36 (2), p.3-10.
15：Go クエリともいう。
16：Do クエリともいう。

ブ・サイトの発見を目的としている。このような“行動”を表す語と，それ以外の名詞語を組み合わせて作られるクエリを取引型クエリという。

　最後の一つが「情報収集型クエリ（informational query）」である[17]。これは利用者にとって“未知である何か”に対する，純粋な知識欲求が反映されたクエリである。すなわち“血液型　星座”という検索語であれば，“血液型と星座”の関連情報を知りたいという要求が反映されている[18, 19]。

（3）メタデータ[20]

　データの意味を記録し，またその意味を代わりに表す“データ”を「メタデータ（metadata）」と呼ぶ。メタデータは，情報を探しやすくするための手段として，広く使われている。

　例えば，Google に代表される検索エンジンの持つ機能の一つに，画像検索と呼ばれるものがある。これは，“金閣寺”で検索をすると，金閣寺の画像が一覧で表示されるという機能であり，その精度は十分に高い。この精度の実現に重要な役割を果たしているのが，画像の内容を端的に説明するデータである。視覚障がい者向けのスクリーンリーダー（音声読み上げソフト）での利用などを前提に，画像そのものの内容を説明する目的で付与される，HTML の「代替テキスト（alt 属性）」は，その代表的事例である。

　以下に代替テキストを用いた HTML の事例を示す。

```
<img src="http://○○○.ac.jp/pics/picture.jpg" alt="金閣寺">
```

　これは“http://○○○.ac.jp/pics/picture.jpg”という URL で，ウェブ上に

17：Know クエリともいう。

18：クエリの中には複数の概念を有していると判断できるものも多く，実際にはそのクエリを作成した利用者以外が，その本質を知ることは不可能である。例えば，取引型クエリの事例であげた“壁紙　ダウンロード”というクエリは，“壁紙のダウンロード”に関する方法を調べている情報収集型クエリであると考えることもできる。

19：三つのクエリのうち，案内型クエリと情報収集型クエリは，それぞれ既知資料検索と未知資料検索にほぼ対応する（これらについては1章3節や2章2節1項aで触れている）。なお，この脚注での説明とほぼ同じことが，本章4節1項でも記されている。

20：これについては，こことは少し異なる定義だが，1章5節3項aでも取り上げている。

公開されている画像について，その内容が金閣寺の写真であることを"alt="金閣寺""という代替テキストの書式で示した事例である[21]。検索エンジンは，この代替テキストを読み込み，画像と結びつけることで，高精度な画像検索を実現している。

　そのほかのメタデータとしては，TwitterやFacebook，Instagramなどで，投稿内容を端的に表現する目的で付与される「ハッシュタグ（hashtag）」などがある。また図書館に直接かかわる「書誌データ（bibliographic data）」もメタデータの一種とされることもある。

3．図書館におけるコンピュータ・ネットワークを用いた目録作業

　1950年代の後半，米国の「議会図書館（Library of Congress：LC）」において，コンピュータを導入することによる，業務軽減の可能性についての検討が開始された[22]。すなわち，LCは「全国書誌（national bibliography）」[23]を作成し，これの書誌データを国内の図書館の求めに応じて目録カード形式で頒布していたが，業務軽減のため，書誌データをコンピュータで使用できる「書誌レコード（bibliographic record）」[24]の形式にし，これを磁気テープに記録して頒布するという方式を検討したのである。これを受け取った図書館は，磁気テープの書誌レコードを利用して目録カードを作成することが想定されていた[25]。

　このようなコンピュータにより作成され，かつ他のコンピュータによって読

21：imgタグは，テキストを挟んでマークアップするという用途では使用されないことから，終了を意味するタグは必要としない。
22：Avram, Henriette D. MARC: its history and implications. Library of Congress, 1975, 49p. https://catalog.hathitrust.org/Record/002993527, (accessed 2019-08-31).
23：国内の出版物を網羅した書誌のこと。これについては，7章2節3項を参照されたい。
24：ここでいう「レコード」とは，主にコンピュータの世界で使用される用語であり，一群の（もしくは一まとまりの）データを指す。したがって，「書誌レコード」の場合，対象とする資料に必要とされる一群の書誌データを指す。なお，同様なことが，1章4節2項の脚注でも記されている。
25：当時のコンピュータにはディスプレイすらついておらず，しがたって，OPACという発想もなかった時代である。

み取り可能な「機械可読形式」の書誌レコードの作成作業を「機械可読目録作業（MAchine Readable Cataloging：MARC）」と呼ぶ。

　MARCにおいては，それぞれのコンピュータにおいて，書誌レコードの読み取りが可能になるよう，共通のデータ形式である「データ・フォーマット（data format）」が規定される必要があるが，これを「MARCフォーマット（MARC format）」と称する。その他，MARCによって作成された書誌データや書誌レコードを，それぞれ「MARCデータ（MARC data）」および「MARCレコード（MARC record）」と称することがある[26]。

　1968年に正式運用が開始された，LCによる磁気テープの物理的な頒布は，やがてコンピュータ・ネットワークを通じた頒布へと姿を変えた。現在では，これらの書誌レコードは，カードに印刷されることはなく，各図書館の「データベース（database）」に直接取り込まれ，OPAC（本章4節1項参照）で検索に供される状況となっている。

（1）MARCフォーマット

a．MARC21フォーマット

　LCによるMARCフォーマットは，当初「LC/MARC」と称された。その後，1983年には「US/MARC」と改称された。1990年代の中頃以後，北米におけるMARCフォーマットを統一する動きが現れ，1999年にはUS/MARCとカナダの「CAN/MARC」の統合が実現した。この際にリリースされた，新たなMARCフォーマットが「MARC21フォーマット（MARC21 format）」である。

　MARC21フォーマットは，その後英国を始めとする，北米以外の英語圏でも受け入れられたほか，非英語圏の国々にも広く採用され，事実上の標準（de-facto standard）となった。このため，標準MARCフォーマットとして開発された「UNIMARC（Universal MARC）」の重要性が減じている。日本でも「国立国会図書館（National Diet Library：NDL）」の「JAPAN/MARC」が，2012年よりMARC21フォーマットを採用するにいたっている。

26：MARCが「○○ MARC」と固有名詞を冠した場合，"フォーマット"や"レコード"，あるいは"データ"を指す場合であっても，これらの語が省略され，単に「○○ MARC」と称される場合が多く注意が必要である。

b．CATP フォーマット

　日本の大学図書館のほとんどは，後述する分担目録作業（本節３項参照）を行っている。このため，これを支援する組織である「国立情報学研究所（National Institute of Informatics：NII）」が管理する「CATP フォーマット（CATP format）」を使用して書誌レコードを作成している。CATP フォーマットの利用は，ほぼ日本国内に限られており，海外と書誌データのやり取りを行う際には，CATP フォーマットから MARC21フォーマットなどへの変換を行う必要がある。これを「フォーマット変換（format conversion）」という。

c．外形式と内形式

　機械可読なデータ・フォーマットは，「外形式（carrier form）」と「内形式（inner form）」という二つの取り決めから構成される。外形式は，データをコンピュータで正確に読めるようにするための構造を取り決めた規定であり，内形式はデータを構成する各項目（要素）の内容やそれが何であるかを識別するための方法などを取り決めた規定である。

　MARC21フォーマットに照らしてみると，その外形式は，「国際標準化機構（International Organization for Standardization：ISO[27]）」が定める ISO2709と呼ばれる MARC フォーマット用の仕様に準拠している。例えばデータの内容を示すためのタグには"３桁の英数字"を用いることや，そのタグが書誌レコードのどこにあるのかという位置情報を文字数で示すこととなっているが，これらは外形式の規定に沿ったものである。

　なお，タグの"３桁の英数字"が245であれば，「タイトルと責任表示に関する事項」というデータ項目を意味するが，これは内形式の規定によるものである。

d．MARC21フォーマットによる書誌データの記述例

　次ページの３-６図は図書『ハリー・ポッターと賢者の石』の書誌データの一部を MARC21フォーマットにより記述したものである。タイトルの『ハリー・ポッターと賢者の石』とある行の先頭には，上述した"245"という数字がタグとして存在している。MARC21フォーマットにおいては，この行のことを「フィールド（field）」と呼び，タグである３桁の英数字を特に「フィー

27：もともとは，"International Standard Organization"であり，この時に ISO とされていたので，現在でも ISO と略されている。

```
041 1        $a jpn $h eng
245 0    0   $a ハリー・ポッターと賢者の石 / $c J.K.ローリング作 ; 松岡佑子訳.
260          $a 東京 : $b 静山社, $c 2012.
```

3-6図 図書『ハリー・ポッターと賢者の石』の書誌データの記述例（一部）

ルド識別子」という。

　フィールドは，いくつかに分割できる場合があるが，この場合それぞれを「サブフィールド（subfield）」と呼ぶ。例えばフィールド245において，『ハリー・ポッターと賢者の石』の直前には，"＄a"という2文字があるが，＄はフィールドを分割するための区切り記号を意味し，その後がサブフィールドであることを示している。＄に続くaは，そのサブフィールドの内容が"タイトル"であることを示す記号である[28]。この2文字の組み合わせを「サブフィールド識別子」あるいは「サブフィールド・コード（subfield code）」という。

　また，3-6図では041や245のフィールド識別子に続けて，1文字あるいは2文字の数字があるが，これはフィールドの内容について，特定の付加情報を示す際に利用する記号で，「インディケータ（indicator）」と称するものである。インディケータにおいては，1文字目を「第1インディケータ」，2文字目を「第2インディケータ」と呼ぶ。例えば，3-6図のフィールド041において，第1インディケータが"1"となっているが，これは『ハリー・ポッターと賢者の石』のすべて，あるいは一部が原文を翻訳したものであることを示している。

（2）集中目録作業

　LCの事例にあるような，中心となる一つの（あるいは少数の）図書館や組織が他の図書館に書誌レコードを利用してもらうために集中的に目録作業を行うことを「集中目録作業（centralized cataloging）」という。

　「いらすとや」の例で示したように，コンピュータ・ネットワークやウェブにおいては，集中的に作成された情報の共同利用（シェア）は極めて効率的に行うことができる。それゆえ，集中目録作業のあり方もまた，コンピュータ・ネットワークとの親和性が高い

28：なお，aは常にタイトルを意味するわけではない。例えばフィールド260では，出版地を意味するというように，フィールドによって指す意味が異なることに注意されたい。

　ただし，集中目録作業においては課題も存在する。例えば，集中目録作業が
A図書館で行われており，B図書館はその書誌レコードを共同利用している場
合について考えてみよう。一般的に，新刊書の納入タイミングは，どの図書館
であってもほぼ変わらない。このため，A図書館とB図書館は，ほぼ同時期に
新刊書を受け入れることになる。だがA図書館における新刊書の書誌レコード
が作成され，それが頒布されるまで，書誌レコードを有していないB図書館は，
新刊書を受け入れたとしてもこれの書誌レコードを利用できず，実質上これを
利用者に提供することができない。このように，書誌レコードの頒布を受ける
B図書館においては，新刊書の提供時期について，一定のタイム・ラグが生じ
ることになる。

　日本の中央図書館である国立国会図書館も集中目録作業を行っており，その
成果をJAPAN/MARCとして無料で頒布しているもののタイム・ラグの問題
もあり[29]，特に公共図書館ではあまり利用されていない。

　一方で，公共図書館への出版物の販売を主に行っている「図書館流通センタ
ー（Tosyokan Ryutsu Center：TRC）」は，新刊書を図書館に納入する前に，
TRC自身でその書誌レコードを作成する仕組みを整えており，新刊書と集中
目録作業の成果としてのMARCレコード（「TRC MARC」という）を同時に
図書館に納入することができる。このようなタイム・ラグを生じさせないとい
う利点は大きく，「TRC MARC」は有償であるものの公共図書館を中心に広
く受容されている。

（3）分担目録作業

a．OCLC

　ウェブにおいては，TwitterやFacebookのように，利用者がコンテンツを
分担作成し，共同利用（シェア）するシステムが隆盛を極めているが，コンピ
ュータ・ネットワークを活用してきた図書館においても，同様の事例が存在す
る。しかも，その誕生はウェブの誕生のはるか以前にさかのぼる。

29：ただし，近年JAPAN/MARCでは，新刊書の書誌データの頒布時期を早めているほか，
　　日本近刊情報センターによって作成される書店向けの近刊情報の書誌データを合わせて提
　　供することで，タイム・ラグの問題は解決しつつある。

　1967年，米国のオハイオ州において，州内の54の図書館により，「OCLC（Ohio College Library Center）」と称される組織が誕生した。OCLCの目的は，専用のコンピュータ・ネットワークの構築を通じ，各参加館における目録作業の効率化や費用削減を目指すというものであった。

　効率化や費用削減の仕組みは次のとおりである。すなわち，構築されたコンピュータ・ネットワーク上に書誌レコードを共同で利用するためのデータベースを構築しておき，OCLCの参加館が新たに出版物を受け入れた際，このデータベースを検索し，すでにその本の書誌レコードが存在すれば，これをコピーし[30]，その本の書誌レコードがない場合にのみ，自身で書誌レコードを作成する[31]，というものである。OCLC参加館がこのような作業を行うことで，データベースの書誌レコードが日々増加する。当然のことだが，このように書誌レコードが増加すればするほど，OCLCの参加館が本を受け入れたときに，データベース上にその本の書誌レコードが存在する確率も高まることになる。こうしてOCLCの参加館においては，自身で書誌レコードを作成する機会は必然的に減少し，目録データ作成の効率化や費用削減が進む。

　このような多くの図書館が共同で書誌レコードを作成し，それを利用することで，各図書館の目録データの作成を効率化する手法を「分担目録作業（shared cataloging）」あるいは「共同目録作業（co-operative cataloging）」という。また，この作業における書誌レコードを共同で利用するデータベースは，参加館が所蔵を登録することで，参加館すべての所蔵を検索できる「総合目録（union catalog）」[32]データベースとなり得る。

　OCLCの考えた分担目録作業のコンセプトは広く受け入れられ，現在ではOCLCの参加館は全世界へと拡大している[33]。このため，OCLCが運営する「WorldCat」という総合目録データベースは世界最大規模となっているほか，「WorldShare ILL」と呼ばれる，「図書館間相互貸借（Inter-Library Loan：

30：このような目録作業の方式を「コピー・カタロギング（copy cataloging）」という。
31：このような目録作業の方式を「オリジナル・カタロギング（original cataloging）」という。
32：なお，総合目録については，既に，1章4節2項や2章1節3項aでも触れている。
33：そのため，1981年にはOCLCはOnline Computer Library Centerに名称変更している。

ILL）」のシステムは，国境を越えてのサービスを展開する存在となっている[34]。もちろん，いうまでもないことだが，インターネットの出現以降は，OCLC はこれを利用している。

b．分担目録作業の課題

　分担目録作業は，図書館の相互扶助の理念のもとで，適切なデータ利用を前提として運用されている仕組みである。だが，それゆえに課題も指摘される。

　課題の一つが，書誌レコードの質をどう担保するかという点である。分担目録作業に携わる図書館が多くなればなるほど，「目録作業者（cataloger）」の水準にばらつきが生じる。それゆえに，総合目録データベースで適用される目録規則や，ガイドラインに準拠していない質の低い書誌が混在することになる。

　また，総合目録データベースにおいては，新規での書誌作成を積極的に行い，多くの所蔵を登録する参加館もあれば，書誌作成をほとんど行わず，ILL における業務量の増加を恐れ，所蔵登録をほとんど行わない参加館も存在する。このように参加館における非対称性が拡大することは，分担目録作業の理念や持続可能性という点で望ましいことではない[35]。

c．書誌ユーティリティ

　分担目録作業は，コンピュータ・ネットワークから，参加館の実務にいたるまでを適切に管理する OCLC のような組織がなくては機能しない仕組みでもある。それゆえ，このような組織は，参加館にとって，市民生活における電気や水道等，インフラとしての公共サービスを提供する"公企業（utility）"と同様の性質を有するものであると考えられることから，これを「書誌ユーティリティ（bibliographic utility）」と呼ぶ。

　日本における書誌ユーティリティとしては NII が該当する。NII は大学図書館を中心とした分担目録作業の基盤として，総合目録データベースと称される

34：図書館間相互貸借（ILL）と総合目録の関係については，ごく簡単だが，1章4節2項で触れている。

35：SNS においても同様に，利用者の増加により，不適切で質の低い投稿が目立つようになることや，大量の情報を積極的に発信，利用する利用者の存在と，ほとんど他者の投稿を読むだけにとどまる利用者の存在が指摘される。

「NACSIS-CAT」を提供しているほか[36]，図書館間相互貸借のためのシステムとして，「NACSIS-ILL」を提供しており，国内の学術研究を支える重要な基盤を担う組織として機能している[37]。

d．集中目録作業における総合目録の構築

　分担目録作業では，自動的に総合目録が構築されるが，集中目録作業では構築されない。このため集中目録作業に頼る日本国内の公共図書館においては，各都道府県域での総合目録を構築しようという動きが見られる。そこで，ここは分担目録作業の項ではあるが，集中目録作業の場合の，総合目録の構築について記したい。

　この種の総合目録の構築には，仮想的な総合目録を作る横断検索方式と，実際に総合目録を作るハーベスト（ハーベスティング）方式がある。

　前者の横断検索とは，複数のデータベースを「横断的」に検索することを意味する。それゆえ，横断検索においては，検索語を各データベースに送信し，それぞれのデータベースにおいて検索させ，その結果をまとめて表示する機能が必要とされる。近年の横断検索では，このための仕様として，ウェブの標準的な技術に基づいた「SRU（Search/Retrieve via URL）/SRW（Search/Retrieve Web service）」が広く受容されている[38]。

　そのほか，このような仕様に対応していないデータベースを横断検索の対象とする手段として，「ウェブ・スクレイピング（Web scraping）」がある。ウ

36：「NACSIS」は NII の前身である「学術情報センター（National Center for Science Information Systems）」の略称であり，NACSIS-CAT のデータは「CiNii Books」を通じて一般の利用者にも公開されている。なお NACSIS-CAT においては，2020年のシステム更新以降，「書誌レコード」という呼称を廃止し，これを「書誌データ」と呼ぶなど，独自の用語体系としているので，留意されたい。
　これからの学術情報システム構築検討委員会．"NACSIS-CAT/ILL の軽量化・合理化について（最終まとめ）"．https://www.nii.ac.jp/content/korekara/archive/korekara_doc20181019.pdf，（参照 2019-08-30）.
37：NACSIS-CAT の接続機関数は，2019年 3 月31日現在で1,337機関となっている。
　"NACSIS-CAT 統計情報"．国立情報学研究所目録所在情報サービス．https://www.nii.ac.jp/CAT-ILL/archive/stats/cat/org.html，（参照 2019-11-11）.
38：SRU/SRW など，あるシステムの外部から，システム内のデータやプログラムを呼び出して扱うための通信プロトコル等をさして「API（Application Programming Interface）」と呼ぶ。

ェブ・スクレイピングとは，機械を使ってデータベースの検索窓に検索語を入れることで検索をさせ，その後，表示される検索結果画面から，必要なデータのみを HTML のタグを頼りに，抜き出す技法のことである。

横断検索方式による仮想的な総合目録は，このような技法を駆使することで，日本の都道府県単位で作成される県域総合目録において，広く実現されている。ただし横断検索には，さまざまなデータベースを同時に検索できるという利点があるが，検索能力が個々のデータベースに依存することや，検索のたびにデータベース間での通信が発生し，安定した検索環境をもたらすことが難しいといった欠点も存在しており，利用の際には留意する必要がある。

一方，後者の方式にある「ハーベスト（harvest）」あるいは「ハーベスティング（harvesting）」とは，書誌レコードを始め，さまざまなデータベースで作成されたメタデータを収集することを意味する。ハーベストにはいくつかの方法があるが，最も広く利用されているものが，「OAI-PMH（Open Archives Initiative Protocol for Metadata Harvesting）」と称される，ウェブの標準的な技術に基づいた仕様を介する方法である。

ハーベスト方式による総合目録としては，「国立国会図書館総合目録ネットワーク（ゆにかねっと）」がある。ゆにかねっととは，都道府県立図書館と政令指定都市立図書館の書誌レコードを収集対象としており，「国立国会図書館サーチ（NDL Search）」（本章4節4項参照）を通じて，検索ができるようになっている。

4. 図書館における情報検索のシステム

（1）オンライン閲覧目録（OPAC）

蔵書の「目録レコード」を組織し，データベース化して，パソコンやスマートフォンなどからオンラインで検索ができるようにしたものを「オンライン閲覧目録（Online Public Access Catalog：OPAC）」と呼ぶ。ここでいう目録レコードとは，図書館内における出版物の排架場所など，資料の所在を明らかにする「所蔵レコード（holdings record）」を書誌レコードにリンクさせたもの

（両レコードを関連づけたもの）を指す[39]。

　1971年，米国のオハイオ大学オールデン図書館で誕生した OPAC は，1990年代後半にサービスを開始した検索エンジンと比べ，実に25年以上も先行する歴史を有している。ただし，OPAC の検索対象となるデータは，ウェブ・ページではなく，組織されたデータであることから，OPAC には検索エンジンと異なる特徴が見られる。

　例えば，OPAC の特徴の一つとして，書誌レコードの検索のために利用するアクセス・ポイントが，多岐にわたっていることがあげられる。すなわち，タイトルや出版者といった項目を指定しての検索を行うことができる。加えて，二つ以上の項目を利用しての"掛け合わせ"による，精度の高い検索を行えることも，検索エンジンにはない特徴である。

　OPAC の検索機能には，「識別機能」と「集中機能」がある。利用者が自ら必要とする図書や雑誌の存在を知っている際に，それが所蔵されているか否かを検索するための機能が前者であり，利用者がある著者や主題に絞って未知の図書や雑誌を検索するための機能が後者である。これらは検索エンジンにおける案内型クエリと情報収集型クエリの機能と概念的には同じものであり，この点では OPAC と検索エンジンの類似性を見出すこともできよう[40]。

　1990年代の後半から急速に普及を遂げたウェブは，OPAC にも多大な影響を与えている。例えば，インターネットへと接続し，ウェブ・ブラウザを通じて利用できる"Web OPAC"が一般的になることで，利用者がアクセスする画面（利用者用画面）は，ウェブで一般的とされる技術やデザインがそのまま適用できるウェブ・ページとなった。

　加えてウェブは，電子ジャーナルや電子ブックといった，新たなコンテンツをもたらし，図書館で提供される資料形態を多様化させたが，この状況は，

39：この点に関連することが，1章4節2項の脚注で触れられている。ただし，ここには「目録レコード」という用語までは現れていない。

40：「識別機能」と「集中機能」については，2章2節aで触れている（ただし，ここでは「識別機能」という用語は脚注で紹介され，本文では「ファインディング・リスト機能」という用語が使用されている）また，既知資料検索，未知資料検索という形で，1章3節でも取り上げられている（これらの語は2章2節aでも出現する）。なお，ここのクエリについての指摘は，本章2節2項の脚注でも言及されている。

OPAC の利用者用画面において，形態の違いを視覚的，かつ直感的に把握できるデザインを求めることにつながっていった。

　こうして生まれたのが，「ディスカバリ・サービス（discovery service）」と呼ばれる，洗練された検索結果表示画面を備え，情報の "発見" に力点を置いた検索システムである[41]。

（2）ディスカバリ・サービス

　ディスカバリ・サービスの登場は，1998年に遡る。その特徴としては，検索結果について「ファセット・ナビゲーション（facet navigation）」もしくは「ファセット・ブラウジング（facet browsing）」と称される機能により，"資料種別" や "言語""主題" 等の項目による絞り込みが行えるようになっていることや，検索結果の表示順に関して，検索エンジンと同様に関連度が設定されていることがあげられる。

　3-7図にディスカバリ・サービスの検索結果画面を示す。画面の左側に見える "資料種別" や "件名／キーワード" などの項目が，ファセット・ナビゲーションの対応項目になり，必要な要素のチェックボックスにチェックを入れるなどすることで，検索結果を直感的に絞り込めるようになっている。

　なお日本の大学図書館においては，OPAC としてディスカバリ・サービスが提供されることが一般的となってきている。

3-7図　ディスカバリ・サービスの検索結果（佛教大学図書館 BIRD）

41：かつては「次世代 OPAC」とも称された。なお，英語圏では，一般にこれを指して「Next Generation Catalog：NGC」と呼び，「Next Generation OPAC：NGO」などとする例は少ない。

（3）ウェブスケール・ディスカバリ・サービス

　ディスカバリ・サービスの中には，"ウェブスケール"な特徴を備えたもの
もあり，これを「ウェブスケール・ディスカバリ・サービス（webscale dis-
covery service）」あるいは「ウェブスケール・ディスカバリ（webscale dis-
covery）」という。世界最初のウェブスケール・ディスカバリ・サービスは，
2007年に OCLC によってリリースされた[42]。

　"ウェブスケール"とは"ウェブの規模"を意味する語であり，ウェブ上で
提供される，"世界中の"電子ブックや電子ジャーナル，データベースなどを
網羅的に扱うという意味が込められた語でもある。実際，ウェブスケール・デ
ィスカバリ・サービスにおいては，図書館の蔵書のほか，深層ウェブに位置す
る，電子系コンテンツのレコードをハーベストにより収集し[43]，内部でイン
デックスを作成することで，検索エンジンと類似した，高速かつ安定した検索環
境の実現に寄与している。

　3-8図にウェブスケール・ディスカバリ・サービスの検索結果画面を示す

3-8図　ウェブスケール・ディスカバリ・サービスの検索結果（佛教大学
　　　　図書館 BIRD）

42："WorldCat Local"と呼ばれた。
43：本章2節1項で，「深層ウェブ」を「検索エンジンでは検索が不可能な領域」としたが，
　　ここでいう電子系コンテンツは図書館が利用契約しているものを指し，このようなものは，
　　その図書館のウェブスケール・ディスカバリ・サービスからは検索可能となる。

が，書影（表紙画像）上に"オンライン"とある電子ブックのレコードと，一般的な"紙"の蔵書のレコードが，混在して表示されていることがわかるだろう。こういった電子ブックが深層ウェブに位置するコンテンツであることを考えれば，ウェブスケール・ディスカバリ・サービスは，図書館と深層ウェブに特化した検索エンジンであると考えることもできる。

　このように，ウェブスケール・ディスカバリ・サービスにおける，ウェブ上のさまざまなデータベースの内容を，網羅的にまとめて検索するというコンセプトは，横断検索と似ているが，それを実現する技法は全く異なっている。それゆえ，横断検索で指摘される，検索方式に起因する欠点[44]は生じない。ウェブスケール・ディスカバリ・サービスには，横断検索の進化形としての側面があることは認識すべきであろう。

　なお，日本の大学図書館においては，ウェブスケール・ディスカバリ・サービスのみを指して，ディスカバリ・サービスと呼ぶ場合があり，この点に留意する必要がある。

（4）グループスケール・ディスカバリ・サービス

　近年，ディスカバリ・サービスの一形態として，"グループスケール"すなわち"グループの規模"に特化したサービスが出現している。グループスケールは，例えば地域や国，あるいは図書館コンソーシアムといった枠組みを扱うという規模感で認識される。ウェブスケールが，ウェブ上に展開される"世界中の"情報を扱うという規模感であったことに比べれば，いささか縮小した概念となっている[45]。

　日本における，この規模のディスカバリ・サービスとしては，国立国会図書館サーチや「ジャパンサーチ（Japan search）」があげられる。

　国立国会図書館サーチは，国立国会図書館や都道府県立図書館をはじめとする国内のさまざまな機関から収集した蔵書目録や論文情報，レファレンス情報

44：具体的には，本章3節3項d末を参照されたい。

45：グループスケールより縮小した概念として，"インスティチューションスケール（institutionscale）"という，単独の"機関の規模"を指す概念が存在する。例えば，一つの図書館の蔵書のみを扱うOPACやディスカバリ・サービスはこのスケールに該当する。

などのデータを統合した検索システムである。他方，ジャパンサーチは日本が
保有するさまざまな分野のデジタル・アーカイブ[46]等のデータを収集し，検索
できるようにしたものであり，2019年8月末現在，ベータ版が公開されてい
る[47]。また，その他のグループスケール・ディスカバリ・サービスとしては，
欧州連合（European Union：EU）と英国の文化遺産を対象とする「Europe-
ana（ヨーロピアーナ）」や米国の文化遺産を対象とする「米国デジタル公共
図書館（Digital Public Library of America：DPLA）」が有名である。

5．ウェブにおける図書館的世界：メタデータの活用と展開

　近年の図書館においては，図書館で長年にわたり蓄積してきた書誌データや
メタデータなどを図書館外のデータベースやシステムと積極的に結びつけ，活
用しようという動きが活発化している。国立国会図書館サーチやジャパンサー
チは，その代表的な事例である

　このような異なるシステム間で，適切な情報交換（やり取り）を行い，一体
的に運用できる性質を指して「相互運用性（interoperability）」という[48]。相互
運用性を担保するためには，情報交換を確立するための以下のような仕組みが
必須となる。

（1）XML

　データを機械可読な形式で表記する方法の一つに「拡張マークアップ言語
（eXtensible Markup Language：XML）」がある。XMLはHTMLと類似する
外形式を持ち，＜　＞を用いたタグを設定することができる。3-9図は，京都
府に関するメタデータを表現したXMLの例である[49]。

　この図のようにXMLにおいては，"京都府"や"府庁所在地"というよう

46：貴重資料や文化財などの電子化（デジタル化）された画像を保存し，提供する組織やサー
　　ビスのこと。
47：日本における「国の分野横断統合ポータル」としての位置づけにある。2020年の正式版公
　　開を目指しているとのこと。なお"ポータル（portal）"とは入口や玄関を意味する。
48：これについては，1章5節3項a，2章3節4項，7章3節1項dなどでも触れられてい
　　るが，文脈によって説明に若干の差異がある。

に，タグで囲まれた文字列の意味を示す名称（要素名）を自由に設定できるほか，"旧国名"というような同一の要素名に対する繰り返し表現なども可能なことから，さまざまなメタデータを自由に表現できるという特徴がある。

```
<京都府>
    <府庁所在地>京都市</府庁所在地>
    <推計人口>258万7211人</推計人口>
    <世帯数>118万6004世帯</世帯数>
    <旧国名>山城国</旧国名>
    <旧国名>丹波国</旧国名>
    <旧国名>丹後国</旧国名>
</京都府>
```

3-9図　京都府に関するメタデータ

（2）メタデータ標準

　XML をウェブやインターネット上での情報交換の際に，利用するためには，以下のような考慮せねばならない課題がある。

　3-10図と次ページの 3-11図は，"図書"に関してそのメタデータの一部をXML で記述したものである。3-10図においては，"学校司書のための学校教育概論"が"名前"，"樹村房"が"出版社"，"214"が"頁数"であることが示されているが，3-11図においては，"図書館情報資源概論"が"書名"，"樹村房"が"版元"，"192"が"ページ数"とされている。

```
<図書>
    <名前>学校司書のための学校教育概論</名前>
    <出版社>樹村房</出版社>
    <頁数>214</頁数>
</図書>
```

3-10図　『学校司書のための学校教育概論』に関するメタデータ

　おそらく，日本語を一定程度解するものであれば，双方の XML を比較した上で，帰納的な思考の結果として，"名前"と"書名"，"出版社"と"版元"，そして"頁数"と"ページ数"は，それぞれ同一の内容を指すタグということ

49："京都府"の開始と終了を表すタグが，他のタグより前にあるのは，人間における視認性（見やすさ）を考慮したものであり，機械に対し何らかの意味を与えるものではない。

```
<図書>
    <書名>図書館情報資源概論</書名>
    <ページ数>192</ページ数>
    <版元>樹村房</版元>
</図書>
```

3-11図 『図書館情報資源概論』に関するメタデータ

に気がつくだろう。だがコンピュータにとって，このような関係性を認識することは，相当に困難であり，情報交換や情報流通を阻害する要因になっている。

このような問題を解決するためには，情報交換を行う組織や業界等において，ある程度メタデータの記述要件[50]やタグの要素名，そしてそれが指し示す内容などを取り決めた規格（これを「メタデータ・スキーマ（metadata schema）」という）が，標準化されていることが望ましい。

こうした観点から，さまざまな分野や業界，国家等において標準化されたスキーマを「メタデータ標準（metadata standard）」という。

a．ダブリン・コア

「ダブリン・コア（Dublin Core：DC）」とは，「ダブリン・コア・メタデータ基本記述要素集合（Dublin Core Metadata Element Set：DCMES）」を中核とするメタデータ・スキーマの通称である[51]。1995年に，OCLCの本拠地である米国オハイオ州ダブリンで開催されたワークショップにおける議論を基に誕生したことから，この名がついた。維持管理団体として，「ダブリン・コア・メタデータ・イニシアチブ（Dublin Core Metadata Initiative：DCMI）」が存在する。

DCは，その名が示すとおり，さまざまなメタデータにおいて "コア（core）"，すなわち核として共通に利用できる要素について，定義したものであり，DCMESでは最も基本的な要素として，「タイトル（title）」や「公開者（publisher）」「言語（language）」など，3-1表にある15種類が示されている[52]。

50：メタデータの記述要件とは，どのメタデータが必須であり，それについてはどのような文字が利用できるのか，などメタデータの "書き方" に関しての約束ごとを指す。

51：英語には「基本記述」に対応する語がないが，日本語では「基本記述」を入れることになっている。

　DCMES の利用に当たっては，これらの要素のすべてを記録する必要はなく，また同一の要素を複数回，繰り返して記録するといったことも認められているなど，柔軟な運用が行えるようになっている。実際，図書館や博物館，文書館などは異なるメタデータ体系によるデータベースを運用している状況にあるが，それぞれに登録されたメタデータの一部を DCMES に変換することで，相互の情報交換や情報流通が容易に行えることになる。

　DCMES は2001年に，「米国情報標準化機構（National Information Standard Organization：NISO)」により，z39.85として標準化されたほか，2003年には国際標準 ISO15836となった。日本においても，2005年に日本産業規格（Japanese Industrial Standards：JIS）X 0836として規格化されている。

3-1表　DCMES の15の基本記述要素（JIS X 0836による）

基本記述要素名	表示名	定義
title	タイトル	情報資源に与えられた名称
creator	作成者	情報資源の内容の作成に主たる責任をもつ実体
subject	キーワード	情報資源の内容のトピック
description	内容記述	情報資源の内容の説明・記述
publisher	公開者	情報資源を公開することに対して責任をもつ実体
contributor	寄与者	情報資源の内容に何らかの寄与，貢献をした実体
date	日付	情報資源のライフサイクルにおけるなんらかの事象の日付
type	資源タイプ	情報資源の内容の性質又はジャンル
format	記録形式	情報資源の物理的形態又はディジタル形態での表現形式
identifier	資源識別子	当該情報資源を一意に特定するための識別子
source	出処	当該情報資源が作り出される源になった情報資源への参照
language	言語	当該情報資源の知的内容を表す言語
relation	関係	関連情報資源への参照
coverage	時空間範囲	情報資源の内容が表す範囲又は領域
rights	権利管理	情報資源に含まれる，又はかかわる権利に関する情報

52：Simple Dublin Core とも呼ぶ。"Dublin Core Metadata Element Set, Version 1.1: Reference Description". Dublin Core Metadata Initiative. https://www.dublin-core.org/specifications/dublin-core/dces/, (accessed 2019-08-27).

　ただし，できるだけ精緻なメタデータを作成するという目的においては，DCMESにおける15の基本記述要素は十分な要件を満たしているとはいいがたい。このため，これら15の基本記述要素を内包した上で，表現可能な要素の種類を70にまで拡張した「DCMIメタデータ語彙（DCMI Metadata Terms）」がリリースされており，現在ではDCMESに代わるものとして，DCMIにより利用が推奨されている[53]。

　なお，DCはいろいろ利用されているが，本書の興味からは，国立国会図書館（NDL）がDCを使用する際の適用規則（これはアプリケーション・プロファイルと呼ばれ本項dで触れられる）を定めて「国立国会図書館ダブリンコアメタデータ記述（DC-NDL）」を構築し，これを電子資料の書誌データの作成に利用していることが注目される[54]。

b．MODS

　MARC21は，書誌データを記述するうえでは十分な要素を有しているものの，タグが3桁の英数字である等，外形式などのあり方がHTMLやXMLと大きく異なっている。このため，書誌データが，ウェブやインターネットを通じて，さまざまに流通し，広く活用されるためには，人間にとっての可読性が高く，かつHTMLやXMLに準拠した外形式で表現できるメタデータ・スキーマが必要と考えられ，2002年に，LCによって「Metadata Object Description Schema：MODS」が開発された[55]。

　なおMODSはMARC21と同様の要素を数多く有しているものの，全く同一というわけではなく，MODSはMARC21の部分集合[56]という位置づけにある。

c．メタデータ標準と名前空間

　メタデータ標準をXMLで用いる際には，タグで使われる要素名が，いずれのメタデータ標準で定義されているものかを，コンピュータに正しく理解させ

53："DCMI Metadata Terms". Dublin Core Metadata Initiative. https://www.dublin-core.org/specifications/dublin-core/dcmi-terms/, (accessed 2019-08-27).

54：これについては，7章3節1項bの脚注でも触れられている。

55：鹿島みづき. MODS：図書館とメタデータに求める新たなる選択肢. 情報の科学と技術. 2003, 53 (6), p.307-318. https://doi.org/10.18919/jkg.53.6_307, (参照 2019-08-31).

56：「AはBの部分集合である」とは，「AはBの一部の要素のみで構成される」あるいは「AはBに含まれる」ということである。

```
1   <book xmlns:dcterms="http://purl.org/dc/terms/" xmlns:mods= "http
    ://www.loc.gov/standards/mods/v3/">
2       <dcterms:title>学校司書のための学校教育概論</dcterms:title>
3       <dcterms:publisher>樹村房</dcterms:publisher>
4           <mods:part>
5               <mods:detail type="page number">
6                   <mods:number>214</mods:number>
7               </mods:detail>
8           </mods:part >
9   </book>
```

3-12図　名前空間を利用した XML の例（各行左端の数字は便宜的に行数を示す）

る必要がある。そのために設定されるのが「名前空間（namespace）」である。
3-12図に名前空間を利用した XML の例を示す。

　まず1行目の"book"を含むタグに着目してみよう。

　このタグにおいては"xmlns"（XML namespace の意味）によって，二つ
の名前空間"dcterms"と"mods"が定義されている。すなわち，"dcterms"
は"http://purl.org/dc/terms/"で示される DCMI メタデータ語彙を意味す
ること，そして"mods"は"http://www.loc.gov/standards/mods/v3/"で
示される MODS を意味することが示されている。

　なお，この定義は"book"の開始タグの一部であることから，その定義内
容は"book"の終了タグである，9行目の</book>まで有効となる。それゆ
え，この"book"タグで囲まれた中にある"dcterms：title""dcterms：pub-
lisher"タグはそれぞれ DCMI メタデータ語彙に由来する"title"と"publish-
er"であり，"mods：part""mods：detail""mods：number"タグは MODS
によって設定された要素名である"part""detail""number"であることがコ
ンピュータにとっても明確な形で示されることになる。

　このように，名前空間を利用することで，さまざまなメタデータ標準が，同
一の XML 内で共存できる環境が整えられているのである。

d．メタデータ・レジストリ

　メタデータを記述する際には，相互運用性や情報流通の視点から，広く利用
されている標準的な語彙や，標準とまではいえなくとも，既に一定の利用実績
を有する準標準的な語彙を用いることが望ましい。そのためには，どういった
語彙がすでに存在し，活用されているのかを知る手段が必要である。

　こうした目的に合致するデータベースが「メタデータ・レジストリ（meta-data registry）」である。メタデータ・レジストリは，さまざまな分野や業界においてメタデータ標準として利用されている既存の語彙や，新たに利用が提案されている語彙，さらにはそれらを含むメタデータ・スキーマなどの存在や定義内容を知ることのできるデータベースである[57]。

　メタデータは商品から物流，研究にいたるまで，あらゆる分野で利用されており，図書館においてのみ使われるものではない。それゆえ，ある分野でメタデータ標準とされる語彙が，他の業界で活用できる可能性は十分にある。例えば図書館においても，出版流通分野のメタデータ・スキーマである「ONline Information eXchange for Books：ONIX for Books」が活用されている。

　このようにメタデータを記述する際には，メタデータ・レジストリ等を通じて，既存の語彙の存在を調査することが求められるほか，やむを得ず新規の語彙を使用する場合には，新たなメタデータ・スキーマの一部として，メタデータ・レジストリへの登録を行うことが望ましい。なお，このようなメタデータ・スキーマの新規作成においては，その一部に既存の語彙等を含んで設計することが可能となっている。この際に適用される，語彙を始めとしたメタデータの記述に関する決め事（規則）などを「アプリケーション・プロファイル（application profile）」[58]という。

　メタデータ・レジストリは，続く3節にて述べる「セマンティック・ウェブ」を実現するための技法によって，人間のみならず，機械である検索エンジンに対しても，メタデータを記述するための語彙の存在とその意味を認識させることができるようになっている。このことから，ウェブの世界のメタデータ間の意味関係を一定程度明確にすることが可能になり，ウェブの組織が進展することが，期待されている。

57：分野横断的なメタデータ・レジストリとしては，米国の「オープン・メタデータ・レジストリ（Open Metadata Registry）」や，日本国内向けの「メタブリッジ（Meta-Bridge）」がある。

58：詳しくは，メタデータを記述するための語彙やその名前空間，記述方法のほか，メタデータの記述目的やその対象となる事物，ガイドラインなどを定義した規則を指す。これを策定するための「シンガポール・フレームワーク（Singapore framework）」という枠組みがDCMIによって提唱されている。

（3）セマンティック・ウェブ

　図書館資料においては，書誌レコードなどをコンピュータに取り込むことで，検索や発見をもたらす環境が実現されている。この場合，コンピュータで作成されるインデックスは，タイトルや著者名など，書誌データの持つ"意味"を正確に反映した構成となっており，検索の精度は高くなる。

　このような書誌データはウェブの世界ではよくメタデータといわれる。メタデータによる検索精度の高度化は，近年，一般のウェブ・ページに対しても有効であると考えられるようになり，これらについても，その内容を検索エンジンに理解させるためのメタデータを付与するべきであるとの考え方が台頭するようになった。

　このような観点から，検索エンジン，すなわち機械に意味がわかるように，メタデータを含む形で構成されたウェブ・ページ上のコンテンツを「構造化データ」という。

　一方で，私たちが日々利用しているウェブとは別に，機械が意味を理解できるようにしたデータを有機的に結合させたウェブを構築しようという動きが活性化している[59]。私たちが親しんでいるウェブは「文書のウェブ（Web of document）」と呼ばれているのに対して[60]，このようなウェブは「データのウェブ（Web of data）」と呼ばれている。

　これらのウェブにおける取り組みを経て，機械にとって意味が理解できる"データ"によって構築されるウェブを「セマンティック・ウェブ（semantic Web）」と称する。いうなれば，セマンティック・ウェブはウェブ自体を組織した，巨大データベースを実現しようとする構想である[61]。

　以下にセマンティック・ウェブを実現するための主要な技術について述べる。

59：ウェブ上で，意味がわかる形で有機的につながった公開データを LOD（Linked Open Data）という。これについては，1 章 5 節 3 項 b で触れられているし，本項 e でも解説され，他所でもこの語が現れる。

60：「ユーチューブ（YouTube）」のように文書に見えないウェブもあるが，このようなものも含めて文書のウェブと呼ばれている。文書のウェブと次文に出るデータのウェブについては，1 章 5 節 3 項 b でも触れている。

61：兼岩憲．セマンティック Web とリンクトデータ．コロナ社，2017，224p．

a．schema.org

「schema.org（スキーマ・ドット・オルグ）」は，ウェブ・ページ内のコンテンツを構造化データとするための語彙を設定したメタデータ・スキーマである。米国の Google，「Microsoft」「Yahoo！」そしてロシアの「Yandex」が，ウェブ上の有志グループと共同で策定しており，これらが提供する検索エンジンにおいては，インデックスの作成等に幅広く利用されている。

　schema.org を用いて，実際のウェブ・ページへメタデータを記述する方法はいくつか存在するが，ここでは HTML を利用しての例を示しておきたい[62]。

　3-13図は『図書館サービス概論』という図書に関する簡易なメタデータをウェブ・ブラウザ上に表示するための HTML（の一部）である。なお <div></div> は，それに囲まれた領域が一つの "まとまり" として考えられることを示すタグである。当然，ウェブ・ブラウザは，これらの "図書館サービス概論" "改訂" "樹村房" "237" という四つの文字列を読み取り，タグで指定された書式で表示することができる。また検索エンジンもこれらの文字列をクロールし，インデックスを構築することができる。だがそれが意味している内容は理解できないため，このウェブ・ページを表示させるための関連度の計算が適切に行われるとは限らない。

```
1    <div>
2        <h1>図書館サービス概論</h1>
3        <p>改訂</p>
4        <p>樹村房</p>
5        <p>237</p>
6    </div>
```

3-13図　『図書館サービス概論』の簡易なメタデータ

　一方，3-14図は同じメタデータについて，schema.org の語彙を付加して記述した場合の事例である。3-13図と同じ HTML のタグが使われているため，ブラウザ上での表示状況に違いは見られない。だが，ウェブ・ページの情報を収集する検索エンジンにとっては，意味が理解できるようになっており，関連

62：HTML Microdata と呼ばれる仕様による。

度の計算や検索結果の表示がより適切に行えるようになっている。

```
1   <div itemscope itemtype="http://schema.org/Book">
2       <h1 itemprop="name" >図書館サービス概論</h1>
3       <p itemprop="bookEdition">改訂</p>
4       <p itemprop="publisher">樹村房</p>
5       <p itemprop="numberOfPages">237</p>
6   </div>
```

3-14図　セマンティック・マークアップを3-13図に加えたもの

なお意味を機械に理解させる仕組みは以下のようなものである。

まず1行目の"div"の直後にある"itemscope"であるが，これはこの"div"のまとまりにおいて，何らかの意味を有するデータが存在することを示している。その上で続く"itemtype"により名前空間が設定され，そのデータは"http://schema.org/Book"で規定される，schema.orgの"Book"の語彙によってマークアップされることを宣言している[63]。

これにより，2行目から5行目のタグに"itemprop"として記される"name"や"numberOfPages"などの語彙が何を示すものなのかが機械にとって明らかになる。それゆえ，機械はこれらがマークアップする"図書館サービス概論""改訂""樹村房""237"という文字列の意味を理解できるようになるのである。

なお，このような意味のわかるマークアップを「セマンティック・マークアップ（semantic markup）」という[64]。

ニューヨーク公共図書館 エクス・リブリス：作品情報 - 映画.com
https://eiga.com › 作品情報 ▾
★★★★☆ 評価: 3.9 - 11 件のレビュー

3-15図　Googleにおける映画の検索結果

3-15図はGoogleによる映画タイトルの検索結果の表示例である。このような表示はschema.orgを利用したセマンティック・マークアップによって，ウェブ上のコンテンツのどこが"評価"で，どこが"レビュー"に当たるのかを

63：名前空間については，本章5節2項cを参照されたい。
64：前掲注61参照。

理解できるから可能になったのである。

b．RDF

　3-14図の事例では，ウェブ・ページに含まれるコンテンツのメタデータについて，HTML を利用してセマンティック・マークアップを行った。

　他方，ウェブ・ページのコンテンツに関するメタデータを，そのウェブ・ページから切り離された別ファイルに XML などで記述し，それに対して，セマンティック・マークアップを行う方法もある。その際に"文法"として機能する"枠組み"が，「資源記述の枠組み（Resource Description Framework：RDF）」である。

　RDF ではメタデータを主語（subject）・述語（predicate）・目的語（object）という，三つの要素で表現する[65]。この関係性を「トリプル／三つ組み（triple）」といい，メタデータを表現するための基本形と位置づけられている[66]。トリプルは自然言語の"文章"に習った概念であり，人間にとっては直感的にメタデータの意味が理解しやすい構造となっている。

　3-16図に，「https://www.google.co.jp/ は，Google をタイトルとする」という"文章"を記した RDF を XML で表現した例をあげているので，詳しくその構造を見てみよう[67]。この文章における主語は，"https://www.google.co.jp/"であり，述語は"タイトルとする"，目的語は"Google"であることを念頭においてほしい。

```
1   <rdf:RDF xmlns:rdf="http://www.w3.org/1999/02/22-rdf-syntax-ns#" xmlns:dcterms="http
    ://purl.org/dc/terms/">
2       <rdf:Description rdf:about="https://www.google.co.jp">
3           <dcterms:title>Google</dcterms:title>
4       </rdf:Description>
5   </rdf:RDF>
```

　3-16図　RDF の"文章"を反映したセマンティック・マークアップ

65：「主語・述語・目的語」を「対象・項目・項目値」あるいは「対象・属性・属性値」とする見方もできる。

66：［神崎正英］．"RDF：リソース表現のフレームワーク"．The Web Kanzaki.https://kanzaki.com/docs/sw/rdf-model.html，（参照 2019-08-31）．

67：なおこのような RDF をとくに「RDF/XML」という．

　まず1行目の"xmlns"の定義から，名前空間として，"rdf"と"dcterms"が設定されていることがわかる。

　2行目に着目すると，"rdf：Description"というタグが設定されているが，これはここからRDFの記述が始まるという意味である。このタグには，"rdf：about="という形で，これから始まる記述が何について（about）のものなのかが示されており，ここで示されているものが主語となる。

　3行目では，目的語の"Google"が，述語の"タイトルとする"を意味するDCMIメタデータ語彙（dcterms）の"title"，すなわち"dcterms：title"によってマークアップされることで，「Googleをタイトルとする」という表現を行っている。

　4行目で，"rdf：Description"の終了タグが出現し，文章は完結する。さらに，その次の5行目にRDF自体の終了タグが現れ，RDFによる記述が終了する。

　これはあくまでも，一つの"文章"のみを表現した簡易なRDFであるが，"rdf：Description"を繰り返すことで，複数の"文章"を表現することも可能になっている。

c．URI

　3-16図のRDFの"文章"の事例では，"rdf：about="https://www.google.co.jp/""という形で，主語をURLの形で記した。URLの日本語が「統一資源位置指定子」ということからもわかるように，これはウェブ上の情報資源の位置を一対一対応で示し，対象を一つに特定するものである。

　このことは，一種のIDとしてURLの書式を活用することができることを示している。つまりウェブ・ページでない存在，すなわち実体のあるモノやヒト，あるいはコトであったとしても，何らかのURLを割当てることで，それをIDとして機能させることができるということである。

　こうした考え方に基づいて設計されたものが，URLを拡張した「統一資源識別子（Uniform Resource Identifier：URI）」である[68]。URIはURLを包括し，URLの書式を応用する形で，実体を有するモノやヒト，あるいはコトなどのIDとして機能するように設計されている。

68：アルファベット以外の多言語文字に対応すべく拡張されたURIをとくにIRI（Internationalized Resource Identifier）と呼ぶ場合がある。

URI は RDF において，欠かせない存在となっている。RDF の主語は URI で示される必要があり，その対象を「リソース（resource）」[69]と呼ぶ。述語は，名前空間を伴うメタデータ・スキーマの語彙で，例えば "dcterms：title" のように表現されるが，これはどこで定義された "title" なのかを特定できることから，URI の別表現であると解釈される[70]。なお RDF において，URI ではない文字列（これを「リテラル（literal）」と呼ぶ）での表現が許容されるのは目的語のみである。

d．オントロジと統制語彙表

意味を正確に機械に理解させるためには，記録されるデータが指し示す概念を正しく表現する方法が必要となる。例えば "さくら" という語が，文章の中に登場した際，人間は文脈から "さくら" が植物であるのか，はたまた人名なのか，それとも "佐倉" のよみなのか，すぐさま理解することができる。だが，機械にとっては，このような判断を下すことは簡単ではない。そこで，機械にとっての判断の手助けとなる手段として，モノやヒト，コトなどの属性や種類といった概念を整理し，語彙として体系化した「オントロジ（ontology）」が重要な役割を果たすようになっている。すなわち "さくら" が "被子植物" の一つであり，"被子植物" は "植物" の下位概念であることを機械に対して明示的に表現できれば，機械は "さくら" の意味をより正しく認識することができる。

RDF においては，簡便なオントロジを表現するために，RDF を拡張した「RDF Schema：RDFS」が定義されている。例えば RDFS では概念の上下関係を表すためのタグとして，"rdfs：subClassOf" が用意されている。

また「Web Ontology Language：OWL[71]」においては，より複雑で一般化したオントロジを表現するためのタグが定義されている。例えば OWL において

69：これまで "resource" を「資源」と訳してきたが，この文脈では，通常「リソース」とカタカナ表記される。

70：名前空間で "xmlns：dcterms="http://purl.org/dc/terms/"" と指定された上で，"dcterms：title" とあれば，これは http://purl.org/dc/terms/title という URI であると解釈される。

71：文字通り略すと WOL だが，フクロウを表す owl にちなんで，OWL と略すことになっている。

は，主語と目的語が同一の概念であることを示す"owl：sameAs"などがあり，RDFやRDFSと組み合わせる形で利用されている。

　そのほか，図書館において利用されてきたシソーラスや分類表，あるいは件名標目表といった統制語彙表も，データの意味を機械に理解させるうえで，有用なツールとなり得る。ただし，これらはオントロジに類似する部分もあるが，概念のとらえ方に違いが生じる場合があり，そのままではこれらをマークアップして，機械可読化するためには利用できない。例えばオントロジでは，下位概念（ミカン）は上位概念（果物）の部分集合であることが必要だが，6章5節2項で詳しく取り上げる『基本件名標目表』では"食品学"の上位概念が"食品"であるなど，下位が上位の部分集合とならない，緩やかな階層関係が許容されている。このため，これらを表現するための「SKOS（Simple Knowledge Organization System）」というモデル[72]が設定されており，活用されている[73]。

e．リンクト・データ

　本項aで述べたセマンティック・マークアップはRDFでも可能になる。そこで，樹村房の図書『江戸の書院と現代の図書館』のウェブ・ページについて，RDFを用いて，セマンティック・マークアップを行ってみる。

　RDFとして表現したい内容が，「『江戸の書院と現代の図書館』は，2018年を出版年とする」というものであったとする。この場合，主語はURIとなるので，"『江戸の書院と現代の図書館』"は，その実体を指す"http://www.jusonbo.co.jp/books/212_index_detail.php# 江戸の書院と現代の図書館"として表現する。同様に，述語の"出版年とする"は，DCMIメタデータ語彙のissued を用いて，"dcterms：issued"と置き換えて表現する。

　このRDFの"文章"（トリプル）の関係性を，「有向グラフ（directed graph）」と呼ばれる矢印を用いた図によって表現したものが次ページの3-17図である。主語である"『江戸の書院と現代の図書館』"の実体を表すURIから，

72：SKOSについては，6章6節で具体例付きで説明されている。

73：間部志保，岩澤まり子，緑川信之．知識組織化体系におけるSKOS適用の可能性．情報メディア研究．2011，vol.10，no.1，p.75-87．https://www.jstage.jst.go.jp/article/jims/10/1/10_1_75/_pdf，（参照 2019-08-31）．

目的語である "2018年" に向かい矢印が伸びており，述語である "出版年とする" を意味する "dcterms：issued" がその上に関係性を示す形で記されている。主語が楕円形で囲まれているのは，RDF のグラフにおいて，リソースは楕円形で囲むとされているからである。また，同グラフではリテラルは長方形で囲むとされているので，目的語である "2018年" が長方形で囲まれているのである。

3-17図　RDF の有向グラフ

　ところで，私たちの自然言語による "文章" は，たった一文で終わるよりも，複数の関連する "文章" をつなげていくことで，読者の理解と思考の幅を広げていくことができる。例えば，「『江戸の書院と現代の図書館』は，2018年を出版年とする」という文章につなげて「2018年は平成30年に同一である」とあれば，読者は帰納的な推論として「『江戸の書院と現代の図書館』は平成30年を出版年とする」と考えることができるようになる。

　実は，RDF を用いることで，機械においてもこれと同様のことが実現できるようになっている。3-18図は RDF において，「『江戸の書院と現代の図書館』は，2018年を出版年とする。2018年は平成30年に同一である」という，二つの "文章" がつながったさまを表現した有向グラフである。

3-18図　二つの "文章" がつながった有向グラフ

　3-17図の "文章" では，"2018年" は単なる目的語に過ぎず，リテラルで表現されたが，3-18図では後続の「2018年は平成30年に同一である」で主語と

なることから，URI の形で表現されている。またこの"文章"の述語「同一である」については，OWL の"sameAs"を用いて表現している。

かくして，3-18図で表現された RDF を実際に作成すると，楕円形で囲まれた二つのリソースと長方形で囲まれた一つのリテラルは，DCMI メタデータ語彙や OWL を用いて，セマンティック・マークアップが施された，URI を介したリンク（「セマンティック・リンク（semantic link）」[74]）で結びつけられることになる。それゆえ，機械はそのリンクをたどることで，例えば『江戸の書院と現代の図書館』と"平成30年"の関係性を理解できるようになる。

このような URI を介したセマンティック・リンクで結び付けられたデータを「リンクト・データ（Linked Data：LD）」と称する。

f．リンクト・オープン・データと図書館的世界

LD がオープンにされ，誰もがアクセスできる状態で公開されている場合，それを「リンクト・オープン・データ（Linked Open Data：LOD）」[75]という。LOD は，ウェブ自体を組織した巨大データベースであり，セマンティック・ウェブの中核を構成するデータであると考えられている。

ウェブ自体を"組織する"という考え方は，図書館が情報を"組織する"ために，長年培ってきた知識や手法，あるいは"組織してきた"データとの親和性が高い。このことから，各国の図書館やその関連組織は，セマンティック・ウェブの世界において，長年培ったさまざまなデータを公開し，ウェブ自体を"組織する"ための基盤を提供しようとしている。

具体的には，先に述べた RDF に基づいて SKOS 化された統制語彙表の公開や，WorldCat や「CiNii Books」[76]の書誌レコードを RDF 化し，レコードごとに URI を付与して公開する動きなどがみられるほか[77]，「BIBFRAME」と称される，書誌レコードを LOD に最適化した形式で表現するための枠組みも公開

74：セマンティック・リンクについては，1章5節3項bをも参照されたい。
75：LOD については，1章5節3項bをも参照されたい。
76：国立情報学研究所が提供している NACSIS-CAT の総合目録データベース。本章3節3項cの脚注を参照されたい。
77：統制語彙表については，分類表の LOD 化の動きを5章4節，5節で，件名標目表の LOD 化の動きを6章5節1項で紹介している。また，書誌レコード（書誌データ）の LOD 化などは1章5節3項bで言及している。

されている。BIBFRAME は 2 章でなんども言及した RDA という目録規則の開発とともに生まれ，書誌レコードを，従来の MARC 形式ではなく，RDF を使用した LOD 形式によってデータのウェブ上で公開するための書誌データ等の作成要件などを網羅的に定義しているという特徴がある。

　また，典拠レコードについては，CiNii Books や国立国会図書館による「国立国会図書館典拠データ検索・提供サービス（Web NDL Authorities）」，OCLC が主導する「バーチャル国際典拠ファイル[78]（Virtual International Authority File：VIAF）」等が，レコードごとに URI を付与した RDF 形式などで公開を行っている[79]。

　そのほか，近年では「国際標準名称識別子（International Standard Name Identifier：ISNI）」[80]と呼ばれる，4 ブロックの16の数字からなる番号が[81]，国際標準 ISO 27729として，著者や作者である人物や団体に ID として付与される環境が整いつつある。ISNI は，著者や作者の実体を表す URI の作成に利用されるようになっており[82]，複数の典拠ファイル間における同一著者の典拠レコードを結びつけるような，"橋渡し"としての役割が期待されている。

78：典拠ファイルは，典拠レコード（典拠データ）を集めたファイルのこと。

79：Authorities では，『国立国会図書館件名標目表（NDLSH）』の件名標目データも RDF 形式などで提供されている。この点については，6 章 5 節 1 項でも触れている。

80：これについては，7 章 3 節 2 項 e でも触れている。

81：研究者においては，ORCID（Open Researcher and Contributor ID）と呼ばれる，同様の数字体系の ID を有している場合がある。ORCID は ISNI の部分集合の位置づけにあり，両者は協力関係にある。

82：例えば村上春樹（ISNI：0000 0001 2146 8778）であれば URI は "http://www.isni.org/isni/0000000121468778" と表現できる。

4章 | 主題組織法

　この章では，1章3節2項bの中で触れた，「主題検索」を実現するための情報資源組織の方法である，「主題組織法」について説明する。

1．主題組織法の意義

　現代の社会は情報化社会とも呼ばれ，次々と新たな事件や事柄についての情報が私たちの周りに押し寄せてくる。また，解決すべき色々な問題が私たちの生活や仕事の中で発生する。

　そうしたときに，私たちは必要な情報を資料などの中から探し出して，これに対処しようとする。具体的行動としては，私たちは自分の関心のある話題・事柄・事物などについて，「それに関する情報」が記載されている資料（ウェブ・ページや図書館の蔵書など）を探し出そうとする。このような行為を「主題検索（subject retrieval）」を行うという。その場合，その資料で表現されている内容のことを「主題（subject）」という。つまり，主題とは，「この資料は～に関する資料です」というときの，「～」にあたる部分である。

　世の中が変化し，生活の様子が複雑になるにつれて，「ある主題についての情報を知りたい」という主題検索に対する欲求は，ますます多岐になり，量的にも大きくなる。このような要求に対処するためには，主題検索を可能にするための方法が必要になる。ここに主題検索を実現するための情報資源組織（の方法）である「主題組織（法）（subject oraganization）」の意義が存在する。

　もっとも，資料数が少ない場合は無秩序に（つまり組織せずに）資料を蓄積していても，どこにどんな主題の資料があるかがわかるので，主題組織（法）は必要とされない。ところが資料がある量以上になると，無秩序に（組織せずに）資料を蓄積していたのでは，どこにどんな主題の資料があるかがわからなくなってくる。そこで，収集した資料を何らかの方法や基準で，主題に基づい

て整理して，後で主題検索しやすいようにしておくという「主題組織」を行う
必要が生じる。

　したがって，図書館など大量の資料を管理する立場の者は，資料に対して主
題組織を施して，利用者の多岐にわたる主題検索の要求に備えていなければな
らない。書架分類や目録における主題のアクセス・ポイントは，その備え（つ
まり主題組織）を現実の姿にしたものといえる。なお，検索を容易に行うため
の仕掛けを「索引（index）」と呼ぶ[1]。

2．主題の種類

　一般に主題組織で対象となる主題には，おおよそ以下の種類がある。

　①「単一主題（simple subject）」……ある主題分野において，一つの角度の
みから区分された主題を指す。例えば「文学」という主題分野における「フラ
ンス文学」などである。

　②「複合主題（compound subject）」……結合度の強い単一主題の組み合わ
せによる主題を指す。例えば「詩歌の批評」などである。

　③「混合主題（complex subject）」……結合度の弱い単一主題の組み合わせ
による主題を指す。例えば「浮世絵の印象派絵画への影響」「学生のための研
究ガイド」などである。

　この場合，主題同士の関係を「相（phase）」といい，これには以下のよう
な種類がある。

　①「影響の相」……主題Aが，主題Bに影響を及ぼしている関係を指す。
「浮世絵（A）が印象派絵画（B）に与えた影響」など。

　②「偏向の相」……主題（A）によって，主題Bが限定されているような関
係を指す。「学生（A）のための研究ガイド（B）」など。

1：1章6節1項bでは，索引は多義的であり，索引を資料の構成部分に踏み込んだ検索を
　可能にするものとし，その例として，「雑誌記事索引」や「新聞記事索引」をあげた。ま
　た，8章1節1項でも，このような索引や，巻末索引を意識した定義がされているが，こ
　こでは，「検索を容易に行うための仕掛け」というように索引がより一般的に定義されて
　いる。なお，3章2節1項では，おおよそここの定義に基づいて，コンピュータにおける
　索引の仕組みが記されている。

③「手段の相」……主題Aの研究方法や手段を，主題Bが示すような関係を指す。「経済学（A）のための数学的方法（B）」など。

④「比較の相」……主題Aと主題Bが，比較対照される関係を指す。「江戸（A）と東京（B）」など。

主題の種類ではないが，主題組織で問題になる場合として，一つの文献に相互に独立した複数の主題が並列している場合をあげることができる。例えば一冊の本の中で，前半に「代数」が，後半に「幾何」が扱われている場合などがそれである。こうした主題を「複数主題」（multiple subjects）ということがある。

さらに，現実の主題組織の場合，主題を特定しにくい場合もある。例えば，百科事典や総合年鑑のような場合である。この場合は「主題」でなく，「形式（form）」によって組織する[2]。

文学作品の場合も，客観的に主題を与えることが難しいので，通常，言語，成立年，作品のジャンルなどの形式によって組織化を行う。

なお主題組織関連の近年の動きとして，国際図書館連盟（IFLA）の作業部会による『主題典拠データの機能要件（Functional Requirements for Subject Authority Data：FRSAD)』の刊行がある[3]。ここでは，特に利用者の情報ニーズとのマッチという点に着目して，文献の主題にかかわる概念モデルを提示しようとしている。

3．主題組織のプロセス

主題組織は，「主題分析（subject analysis)」を行って資料の主題を確定し，

2：この場合は，具体的には事典形式，年鑑形式という資料の編集形式に注目して組織することになる。

3：IFLA Working Group on Functional Requirements for Subject Authority Records（FRSAR). Functional Requirements for Subject Authority Data（FRSAD)：A Conceptual Model. 2010, 75p. http://www.ifla.org/files/classification-and-indexing/functional-requirements-for-subject-authority-data/frsad-final-report.pdf,（accessed 2020-01-10).

なお，2章3節5項で述べたように，これは2017年に，IFLA-LRMとして，FRBR，FRADと統合されている。

これに基づいて「索引語（index term/indexing term）」を決定するという，一連のプロセスである[4]。このプロセスに関する作業を，「主題組織作業（もしくは主題索引作業，サブジェクト・インデクシング）（subject indexing）」という。主題組織作業の品質は，資料の検索性能に大きな影響を与える。

4-1図に見られるように，主題組織作業は二つの段階からなり，これらはそれぞれ以下のように呼ばれている[5]。

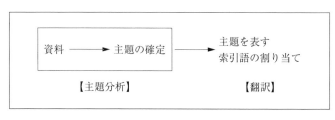

4-1図　主題組織作業

①主題分析
②翻訳

①の「主題分析」の段階では，対象とする資料が「何に関して」書かれているのかを明らかにする。つまりその資料の主題を発見して確定する。なお，主題分析における主題発見の手がかりとしては，ⓘタイトル・タイトル関連情報，ⓘⓘ目次，ⓘⓘ前書き・後書き・解説など，ⓘⓥ資料に載っている参考文献，ⓥ本文，ⓥⓘ著者の情報，ⓥ参考資料（専門用語がわからないときのチェック用など），ⓥ その分野の専門家の意見など，を参照することが多い。

②の「翻訳」の段階では，①で得られた主題分析の結果に基づいて，それにふさわしい索引語が与えられる。索引語を件名標目表・シソーラス・分類表などの統制語彙表の中から選ぶ場合，このような作業は主題分析の結果を語彙表の語に翻訳する作業とみなせるので，翻訳と呼ばれるのである。その際，語彙

4：なお，主題分析に基づいて「抄録」が作成されることもあるが，このことについては8章2節1項で取り上げる。

5：Lancaster, F. W. Indexing and Abstracting in Theory and Practice. Third Edition, University of Illinois, Graduate School of Library and Information Science, 2003, p. 9-19.

表の中から適当な語や記号を選んで索引語として付与することになるので，このような索引法は「付与索引法（assigned indexing）」と呼ばれる。

　これに対して，資料中に出現する語から適当な語を抽出して，これをそのまま索引語として利用することがある。この方法は「抽出索引法（derived indexing）」と呼ばれる。

　なお，主題分析と翻訳という二つの段階は，理論的には明確に区別されるが，実際は同時に行われることも多い。

　主題分析法は，分析の粒度（細かさ）という点からは，「要約法（summarization）」と「網羅的索引法（exhaustive indexing）」に区別される。前者は，主題組織の対象文献から包括的な主題を抽出し，これに対して索引語を付与するものであり，後者は，副次的，もしくは周辺的な主題まで含めて主題を導き出し，これらに対しても索引語を付与するものである[6]。図書館では，原則的に要約法を使用している。これに対して網羅的索引法は，8章で主題として取り上げる「索引」や「抄録」の世界でよく用いられている[7]。

4．分類法と件名法[8]

　主題組織法には「分類法」と「件名法」の2種類がある。分類法とは，文字どおり分類によって資料を検索可能にするものであり，件名法とは，資料の主題を表す語（名辞）によって資料を検索可能にするものである。

　なぜ主題組織法にはこのような二つの方法があるのであろうか。その理由を理解するために，私たちの日常生活における情報の探し方を見てみよう。

　今，サッカーのJリーグについて情報がほしいとする。まず誰でも思いつく方法としては，そのものずばり「Jリーグ」という語をキーにして情報を探す方法をあげることができる。一方，分類（表）をもとに「スポーツ」→「サッカー」→「Jリーグ」というように，階段を下りるごとくに探すこともできる。

　前者は件名法のやり方であり，後者は分類法のやり方である。このように私

6：ここは付与索引法を前提に記している。
7：網羅的索引法については，8章3節1項で言及されている。
8：ここで述べることについては，1章3節2項b **2** や8章1節4項をも参照されたい。

たちは，ある物事について調べるとき，そのものずばりピンポイントで情報探しをすることもあれば，大きく網をかけて徐々に絞り込んでゆくこともある。人々に馴染みの深い Google による検索は，ピンポイントで情報を探す方式であるといえる。

　この二つの方法はどちらも重要で，ケースバイケースで使い分けたり，併用したりされる。主題組織法はより効果的な検索を保障するものであるから，分類法と件名法の両者を意識したものでなければならない。例えば，人名や地名などの固有名詞から調べる場合は，ピンポイント検索を行うであろうし，「環境問題」などの漠然としたテーマで探す場合は，分類法も効果がある。

5．自然語と統制語[9]

　索引語を付与する際，そこで使われる語を制限なく自由に選択できることにするのか，これに一定の制限を設けて，それ以外は利用できないことにするのかという問題がある。前者の場合には，一つの概念に対してさまざまな表現が許容されるが，後者の場合には，一つの概念に対する表現は，原則として一通りに限られる。前者のやり方で付与される索引語を「自然語（natural language）」（もしくは，「非統制語（non-controlled term/non-controlled vocabulary）」「自由語（free term/free word）」など））といい，後者のやり方で付与される索引語を「統制語（controlled term/controlled vocabulary）」という。また個々の索引語のことを「キーワード（keyword）」[10]といい，そのうち統制語が使用されているものを特に「優先語（preferred term）」もしくは「ディスクリプタ／記述子（descriptor）」という。

　索引語に自然語を利用する場合，資料中に出現する語が採用されることが多いが[11]，それ以外のものがとられることもある。例えば，「インターネットの社会に対する影響の分析」というタイトルの資料がここにあり，それに対して索

9：ここで述べることについては，1章4節2項b■■や6章1節をも参照されたい。
10：「キーワード」は，通常，「主題を表現する語」という意味で，索引語，検索語の双方について，使われる。これについては，1章4節2項bをも参照されたい。
11：つまり抽出索引法が採用されることが多いということである。

引語を付与する場合を考えよう。その資料の本文中に「高度情報化社会」とい
う語が一度も出現しないとしても，検索の便宜を考慮して，「高度情報化社会」
もしくは「高度情報社会」という索引語を付与することなどが，この場合にあ
たる。一方，統制語を索引語とする場合は，事前に概念に対応するキーワード
のリストや一覧，つまり統制語彙表を作成して，この中からもっとも適切に主
題を表現する語（キーワード）を選択する。

　「統制語彙表」の例としては，分類表，件名標目表，シソーラスがある。な
お，前段で主題を表現する語を統制語彙表から選択する旨を記したが，分類表
の場合は，主題を表現する語ではなく，分類記号を選択することになる。これ
らについては5章，6章で詳しく紹介する。

　一方，自然語を利用するものの例としては，例えば「検索エンジン（search
engine）」[12]をあげることができる。これは，今まで述べてきた主題組織のプロ
セスとは異なり，資料（この場合はウェブ・ページ）中の語の位置関係や出現
頻度などを，コンピュータによって数値的に処理して主題組織（に該当する操
作）を行っているものと見られる。つまり，資料に出現した自然語による抽出
索引法を，極限まで推し進めたものであると考えることができる。

6. 事前結合索引法・事後結合索引法

　一冊の本の巻末にある索引のように，索引語を語順などで並べて，求める資
料を検索できるようにする索引法を，「事前結合索引法／事前組み合わせ索引
法（pre-coordinate indexing）」と呼び，検索エンジンのように，並べること
を意識せず検索語を入力して検索できるようにする索引法を，「事後結合索引
法／事後組み合わせ索引法（post-coordinate indexing）」と呼ぶ。

　ところで一つの資料の主題は，ある単一の概念のみを表現しているのではな
く，次ページの4-2図のように，いくつかの概念を含んでいることが多い。

　主題分析の結果，図のように，当該資料の主題に三つの概念「概念A」「概
念B」「概念C」が含まれていることがわかったとする。したがって，それぞ

12：これについては3章2節1項や6章2節3項aをも参照されたい。

4-2図　資料の主題とそこで表現されている概念

れに対してキーワードを与えることになるが，ここで「概念A」「概念B」「概念C」に対して与えられるキーワードを，それぞれ「a」「b」「c」とする。

　例えば「生徒の教師に対する態度について」という主題の場合[13]，「概念A」「概念B」「概念C」はそれぞれ「生徒」「教師」「態度」と考えることができ，自然語による抽出索引法の場合，これらがそのまま，キーワードa，キーワードb，キーワードc，となる。

　このような場合，事前結合索引法では索引語を並べるのであるから，これらのキーワードをどのような順で結合するのかという問題が生じる。つまり上例の場合，「生徒―教師―態度」の順で結合して並べるのか，「教師―生徒―態度」の順で結合して並べるのか，その他の順で結合して並べるのかという問題が生じる。前者の例では，生徒に関する一連の資料の索引語のあたりに，この資料の索引語が並ぶことになる。つまり，この資料は基本的に，生徒に関する資料とみなされることになる。後者の例では，教師に関する一連の資料の索引語のあたりに，この資料の索引語が並ぶことになる。つまり，この資料は基本的に，教師に関する資料とみなされることになる。

　したがって，事前結合索引法では，どのような順でキーワードを結合するかが重要な問題となる。この順序のことを，「引用順序（citation order）」[14]という。これにより，どの主題要素（キーワード）が優先されるかが決まることになる。

13：この例は，次の文献による。ミルズ，ジャックほか著，田窪直規監訳．資料分類法の基礎理論．日外アソシエーツ，1997，p.59-60.

14：この語は，「列挙順序」と訳されることも多い。

　一方，事後結合索引法では，各キーワードは結合されずに，相互に独立して記述される。すなわち上例の場合，「生徒」「教師」「態度」という索引語が与えられる。一方，検索を行うときに，上例の場合，これらのキーワードが「生徒 and 教師 and 態度」というように，「and」で結合され，システムに入力される。ここで「and」は「かつ」という意味を表している。したがって「生徒 and 教師 and 態度」は，「生徒というキーワードを含み，かつ教師というキーワードを含み，かつ態度というキーワードを含む資料を探せ」という意味になる。検索エンジンでは，「生徒 教師 態度」というように入力すると，通常，自動的にこれらの語が「and」でつながっているものと解釈される。

　「事後結合索引法」では，「and」のほか「or」や「not」でもキーワードが結合される。「or」は「または」ということを表しており，「A or B」だと，「Aというキーワードを含むか，またはBというキーワードを含む資料を探せ」の意味になる。「not」はこれの次のキーワードを否定するということ（これの次のキーワードを含まないということ）を表しており，「A not B」だと，「Aというキーワードを含み，かつBというキーワードを含まない資料を探せ」という意味になる[15]。通常，検索エンジンにも，「and 検索」のみならず，「or 検索」や「not 検索」ができるようなオプションが準備されている。

　検索エンジンに慣れた読者には，事後結合索引法の方が便利に思えるかもしれない。しかしこの方法では，余分な資料まで検索されることが多い（検索エンジン利用者の多くはこれに悩まされることになる）。例えば，上記の「生徒の教師に対する態度について」という主題の資料を検索するのに，「生徒 and 教師 and 態度」と入力すれば，これは「この三つのキーワードが含まれている資料を探せ」ということしか意味しておらず，「教師の生徒に対する態度について」という主題の資料も検索対象となる。このため，余分な資料も検索されるのである。

　一方，事前結合索引法ではこのようなことは起こらない。なぜなら，「生徒の教師に対する態度について」という主題と「教師の生徒に対する態度について」という主題では，キーワードの結合順序（つまり引用順序）が異なるから

15：not 検索には注意が必要である。「犬 not 猫」と検索すると，「猫」について書かれた資料は含まれないが，「犬と猫」について書いた資料も落としてしまう。

である。

　事前結合索引法と事後結合索引法の「事前」と「事後」は，検索要求が生じる「事前」と「事後」を意味している。すなわち，検索要求が生じる事前にキーワードを結合しておく索引法を，事前結合索引法と呼んでおり，検索要求が生じた事後に「and」や「or」や「not」を使用してキーワードを結合する索引法を，事後結合索引法と呼んでいるのである。

　事前結合索引法と事後結合索引法には，事前と事後の違いはあれども，この両者は，概念（もしくはキーワード）を結合する（組み合わせる）という意味では同じである。したがって，結合という観点から適切な概念をうまく付与できるかどうかが，両者による索引が有効となるための鍵の一つとなる。

7．主題索引（検索システム）の評価

　検索目的がどの程度の有効性をもって達成されたかの度合いを，「検索パフォーマンス」という。これは，検索における成果・成績・効率を表すものといえる。情報検索システムの検索パフォーマンスを評価する場合，評価指標として，以下のようなものが考えられる。

　　①適合性（relevance）

　　②応答時間（response time）

　　③費用（cost）

　このうち応答時間や費用は，情報検索システムのソフトウェア，データ構造，ハードウェアのレベルなどによって決定される。

　これに対して適合性は，特定の情報資源組織法のもとで検索を行った場合に，どの程度満足すべき情報出力が得られたかを示すものであり，検索行為自体のパフォーマンスを表現していると考えることができる。

　適合性は，それぞれ「再現率（re-

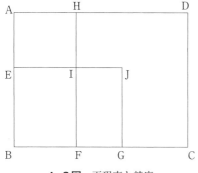

4-3図　再現率と精度

call ratio)」と「精度／適合率（precision ratio）」によって表示される。再現率と精度は以下のように定義される。

　4-3図の四角形 ABCD が検索対象となる資料集合（以下「情報源」と記す）だとする。

　この情報源をある検索テーマのもとに実際に検索して得た情報出力を，四角形 EBGJ とする。一方，この情報源に存在するこの検索テーマに合致する資料（これを「適合資料」という）の集合を，四角形 ABFH とする。したがって，四角形 EBFI は検索して得た適合資料となる。

　このとき，検索して得た資料全体に対する検索して得た適合資料の割合，つまり四角形 EBFI／四角形 EBGJ の値を精度という。四角形 IFGJ（適合資料でない部分）を「ノイズ（noise）」という。

　また，検索して得た適合資料の潜在的に存在するものも含めたすべての適合資料に対する割合，つまり四角形 EBFI／四角形 ABFH の値を再現率という。四角形 AEIH（検索されなかった部分）を「モレ（drop-out）」[16]という。

　高再現率（つまりモレが少ない）と高精度（つまりノイズが少ない）が両立できればよいが，これらの2指標は逆方向に動くといわれている。

　ところで，何がこうした指標に影響を与えるのであろうか。一つの理由は，検索語の選び方である。検索時に選ばれた検索語が，うまく目的の主題を表すものになっているかが重要なポイントとなる。また，本章3節で述べた主題組織作業において，文献に対して適切な索引語が付与されるかどうかも，上記の指標の値に影響する。

16：詳しくは，「検索漏れ（洩れ）」ということもある。

5章 | 分類法

1. 分類の基本原理

ここでは，分類とは何かということを考え，分類の原理に対する基本的理解を深めたい。

（1）分類とは

私たちは日常生活の中で分類をしたり，分類を利用して何かを探したりといった行為を頻繁に行っている。例えばデパートの生鮮食料品売り場では，肉，魚，野菜など，食品別のコーナーが設けられている。さらに肉のコーナーでは，牛，豚，鶏などの種類ごとにまとめられている。つまり，生鮮食料品を分類して配置しているのである。私たちはその分類を利用して，豚肉が必要な場合には肉のコーナーの豚肉の配置場所に行くことで，効率的にそれを探し出すことができる。

一方，身の回りでも，例えば衣類を季節や用途ごとに分類して収納し検索の便をはかるなど，分類の例をあげればきりがないだろう。つまり，分類とは何か特別で崇高な原理に基づいたものではなく，ごく身近なものなのである。

（2）分類の原理

「分類（classification）」は似たものに「分ける」ことであり，似たものを「まとめる」ことでもある。こう表現すると，まったく逆の二つの行為を同時に述べていると感じる人もいるだろう。しかし，あるものを似たものに分ければ，そこに似たもののまとまり（これを「クラス（class）」という）が生じ，また似たものをまとめると，それはほかのまとまりと区別することになる。つまり，「分けること」と「まとめること」は，一つの行為の表と裏を見ている

ことなのである。

　上記のことからわかるように，分類とはある事物または知識を一定の原則に基づき区分しながら（つまり分けながら），類似の度合いにより同類のものをまとめることといえる。

　なお，以下では説明の便宜上，「区分（division）」（分けること）のイメージで，「分類」について記すことにする。

（3）区分の3要素

　区分を行う際の一定の原則・基準を「区分原理（principle of division）」または「区分特性（characteristic of division）」といい，区分される対象を「被区分体（類概念）」，区分された各部分を「区分肢（種概念）」という。そして，この三つを「区分の3要素」という。例えば，ジュース（飲料）という被区分体（類概念）に材料という区分原理を適用すれば，オレンジジュース，アップルジュース，トマトジュース，ニンジンジュースなどの区分肢（種概念）が得られる。

（4）区分の原則

　区分を行う際には，以下の三つの原則を守ることが重要である。

ａ．区分原理の一貫性

　一度の区分には，一つの区分原理を一貫して用い，複数の区分原理を同時に用いてはならない。例えば，料理を区分する際に，ある国や地域で発達した料理の「様式」と「材料」の二つの区分原理を同時に用いると，中華料理，西洋料理，日本料理，……，海鮮料理，野菜料理，肉料理，……といった区分肢が生じる。この場合，海鮮中華料理は海鮮料理と中華料理の両方の区分肢に属し，どちらに分類してよいか迷うことになる。このように，どちらに分類してよいかわからないことが起こる分類を「交差分類（cross classification）」と呼ぶが，区分原理の一貫性によってこれを防ぐことができる。なお，交差分類の起こらない区分肢どうしは，「相互排他的（mutually exclusive）」と呼ばれる。

ｂ．区分の網羅性

　区分肢の総和は被区分体と等しくなくてはならない。つまり，いかなる区分

肢をも省略してはならない。例えば，人間を血液型で分けて，O型の人間，A
型の人間，B型の人間という区分肢だけを設けたとしよう。この場合，AB型
の人間はどの区分肢にも属することができず，分類不能となる。なお，区分肢
のすべてを網羅するのが難しい場合，一般に「その他」などの区分肢を設ける
ことで，この原則をクリアすることが多い。

c．区分の漸進性

　区分は順を追って行うこと（つまり漸進的に行うこと）が大切であり，必要
な区分原理を省略して区分を飛躍させてはならない。例えば動物を区分する際
に，「脊椎の有無」という区分原理を飛ばして（つまり脊椎動物，無脊椎動物
という区分を飛ばして），いきなり昆虫類，魚類，爬虫類，鳥類などと区分す
ると，これらのうち魚類，爬虫類，鳥類が同じ脊椎動物であるという重要な関
連性を示すことができなくなってしまう（さらには，脊椎動物や無脊椎動物と
いう概念を分類できなくなってしまう）。

2．図書館分類法とは：その意義，役割および機能

　ここでは，図書館において主題検索を担うことになる「図書館分類法（資料
分類法）」（以下，「分類法」と略記する）の意義，役割，機能について理解を
深めたい。

　ここで「分類法（classification[1]）」とは，分類の仕方・方法を意味する語で
ある。何らかの「分類法」に基づいて，実際に分類を行うためのツールとして
の「分類表（classification schedule）」が作成される。本書では，原則として，
分類の仕方・方法，考え方などを総合的に述べる場合に「分類法」という用語
を使い，具体的なツール自体を指す場合に「分類表」という用語を使うことと
する。

（1）分類法の意義

　利用者の資料検索要求は，主題に基づくものが多いといわれている。したが

1：本章1節2項で「分類」にも“classification”の英語をあてた。ここでは「分類法」
　にも同じ英語を当てている。一応，この英語は両義に使用されると解釈されたい。

って，図書館には主題検索の手段（主題を組織し検索できるようにする仕組み）を用意することが求められている。この手段の一つとして，図書館は分類法を用いてきた。そして，今日の図書館では何らかの分類法に基づく分類表が，必須のツールとなっている。

（2）分類法の役割

　分類法の役割は，多くの人がその排列順序を知っている記号を用いて資料および資料の主題を人々に共通の理解がある知識の体系などに従って排列し，そのような分類順排列によって資料および資料の主題の排列箇所および主題間の関連性を明示し，さまざまな利用者が容易に主題検索を行えるよう支援することである。

（3）分類法に求められる機能

　分類法に求められる基本的機能は，次の2点に集約できるだろう。
　　①いかに複雑な主題であっても，それがクラスの序列（分類表として示された知識の連鎖）のどこに存在しているかを利用者が常にわかるようにすること。
　　②最も密接に関連する主題を隣に並べておくことにより，ある主題の排列位置を探索したときに，利用者がその前後に関連資料が見つけられるようにすること。

3．分類法の分類

　分類法はさまざまに分類できる。ここでは，分類法を主な三つの視点から分類し，特徴を概観する。その後，その他の視点による分類をまとめて示す。

（1）書誌分類法と書架分類法（機能という視点からの分類）

　近代以前の図書館では，分類法は主題目録中で資料の書誌データをグルーピングして排列するために用いられた。このための分類法のことを「書誌分類法（bibliographic(al) classification）」という。一方資料自体は，一般に大きさや

受入順などにより書架に並べられていた。この方法だと一度排架した資料の位置はその後も変わることがないので，この排架法のことを「固定排架法（fixed location）」という。

　ところが，資料の利用という機能の重要性が増した19世紀後半から，利用者が直接書架に並ぶ資料を手にとり，類似主題の資料を比較検討しながら，求める主題に最適な資料を選ぶ方法が必要とされるようになってきた。つまり，資料自体を主題により，体系的に分類排架する方法が求められるようになったのである。この問題を解決するために，分類項目に（その並びに応じた）衆知の順序値を付与し，資料をその順序値の並びで排架することで，主題による体系的分類排架を可能にする分類法が考え出された。この資料を「体系的に分類排架する」ための分類法のことを「書架分類法（shelf classification）」[2]という。これによって資料を排架すれば，排架位置は相対的に移動することになるので，これによる排架法のことを「移動排架法（relative location）」という。資料の直接検索・利用という面から主題の体系的排架の利点は大きく，近代以降の多くの図書館で採用されている。

　書誌分類法と書架分類法のためにそれぞれ別の分類表を用いる図書館もあるが[3]，両方の機能を一つの分類表により実現するのが，今日の図書館では一般的となっている。

（2）列挙型分類法と分析合成型分類法（構造という視点からの分類）

　「列挙型分類法（enumerative classification）」とは，主題を表す分類項目をあらかじめ分類表中に用意（列挙）しておき，その中から資料の主題に対応する分類項目を選び，そこに分類することを基本とする分類法である。資料の主題に完全に一致する分類項目がない場合でも，分類表に用意されている分類項目のどれかを選択するのである。

　20世紀になると，複数の主題要素が組み合わさった主題（「複合主題」[4]など）

2：書架分類法については，1章4節1項をも参照されたい。
3：例えば，国立国会図書館は，書架分類法のために「国立国会図書館分類表」，書誌分類法のために「日本十進分類法」を用いている。
4：複合主題については，4章2節を参照されたい。

の資料が多くなり，こうした主題に対応する分類項目をあらかじめ用意（列挙）しておくことが難しくなってきた。そこで，複合主題にも容易に対応できる新しい原理に基づいた「分析合成型分類法（analytico-synthetic classification）」が考案された。

分析合成型分類法は「ファセット分類法（faceted classification）」とも呼ばれている。「ファセット（facet）」とは，分類対象（被区分体）が単一の区分原理で区分された際に生じる区分肢の集合（総体）を指すことばである。例えば，「人間」という分類対象を「性別」という区分原理で区分すると「男」と「女」という区分肢ができるが，この男と女がファセット（「性別ファセット」）を形成する。また，「人間」を「肌の色」という区分原理で区分すると「黒色人種」「黄色人種」「白色人種」という区分肢ができるが，これらの区分肢がファセット（「肌の色ファセット」）を形成する。このように，通常一つの分類対象に対して，ファセットは複数設定される。

分析合成型分類法では，個々の主題分野ごとにファセットが分析され（このような分析を「ファセット分析（facet analysis）」という），必要なファセットがあらかじめ設定・用意される。複合主題の場合には，主題を構成する要素それぞれに対応した区分肢が各ファセットから選択され，それらが合成されることにより，主題は正確に表現される。

例えば，図書館情報学という主題分野（仮に分類記号をＡとする）において，図書館の種類，資料，業務，空間，時間という五つのファセットが分析・設定されたとする。それぞれの区分肢に記号（数字や文字など）を与えると，5-1表のような簡単な分析合成型の分類表ができる。

分析合成型分類法では，こうして用意された各ファセットの表から該当する

5-1表 Ａ：図書館情報学

ファセット名	図書館の種類	資　料	業　務	空　間	時　間
ファセットに含まれる区分肢の例	1 国立図書館 2 公立図書館 3 大学図書館 （以下省略）	α 図書 β 雑誌 γ 地図 （以下省略）	Ⅰ 選書 Ⅱ 整理 Ⅲ 保存 （以下省略）	a 日本 b アジア c アメリカ （以下省略）	i 古代 ii 中世 iii 近代 （以下省略）

区分肢の記号を一つずつ選択し，それぞれの主題分野であらかじめ決められた組み合わせの順序式（「ファセット式（facet formula）」という）に従って合成し，主題を示すのである[5]。仮にこの主題分野のファセット式が「A／図書館の種類／資料／業務／空間／時間」であるなら，「近代日本の大学図書館における雑誌の整理法について」という複合主題の資料は，「A／3／β／Ⅱ／a／ⅲ」という記号で表現される。このようにして，分析合成型分類法では，複雑な主題に対しても，主題内容を正確に反映する分類記号の付与が実現されるのである。

（3）観点分類法（第一区分原理という視点からの分類）

　分類する際の最初の区分原理が主題分野である分類法を，「観点分類法（aspect classification）」という。例えば，「牛」という主題を例に考えてみる。この分類法では，動物としての「牛」であれば，動物学の分野の下に分類され，家畜としての「牛」であれば，畜産学の分野の下に分類されることになる。このように観点分類法の場合，同一主題がそれぞれの主題分野に分散することになるが，現在普及している全主題分野をカバーした分類表は，すべて観点分類法によるものである。

　観点分類法とは異なり，特定主題を一箇所に集中させるタイプの分類法，つまり「牛」であれば，動物学的にこれを扱っている資料であろうと，畜産学的にこれを扱っている資料であろうと，すべて「牛」の分類項目に分類されるという分類法もある。

（4）その他の視点からの分類

　対象主題分野という視点から分類法を分ければ，すべての主題分野を包含し，どんな分野の主題に対しても対応可能な「一般分類法（general classification）」と，音楽とか医学などといった特定の主題分野や，絵本とか映像フィルムなどといった特定の資料群のみを対象とする「専門分類法／特殊分類法（special classification）」に分かれる。

　また使用する図書館の範囲という視点から分類法を分ければ，自館だけで使

5：この「ファセット式」が，4章6節の事前結合索引法で述べたところの「引用順序」を決めるものといえる。

4. 近代分類法出現以降の主要な分類表 | *119*

用するための「一館分類法」と，さまざまな図書館で広く共通に使用される
「標準分類法」に分かれる。

　さらに使用する記号に注目して分類法を分ければ，十進数字を用い，十区分
を基本とする「十進分類法」と，十進数字以外の文字や記号を（も）用い，十
区分を基本としない「非十進分類法」に分かれる。

4．近代分類法出現以降の主要な分類表

　図書館における分類法利用の歴史は古く，例えばニネヴェ宮殿の文庫（紀元
前7世紀）の粘土板資料の分類や，アレクサンドリア図書館の分類目録『ピナ
ケス（Pinakes）』（紀元前3世紀）などが知られている。しかし本節では，現
在使用されている記号法と索引という二つの要件を備えた近代分類法出現以降
の一般分類法の中から，主要な分類表を紹介する（ただし最後に，ネットワー
ク情報資源の分類であるタクソノミーにも簡単に触れる）。なお，『日本十進分
類法（Nippon Decimal Classification：NDC）』については次節で詳しく説明
することとし，ここでは取り上げない。

　1876年，デューイ（Melvil Dewey）は記号法と索引という近代分類法の二
つの要件を備えたはじめての分類表と言われる，『デューイ十進分類法（Dew-
ey Decimal Classification：DDC）』を発表した。これは今日でも，世界で最も
流通している分類表である。なお先に「記号法と索引」と記したが，このうち
後者はデューイの発案であるものの，前者は1870年にハリス（William Torrey
Harris）が，主題の体系順に図書を書架上に並べるための分類表（書架分類表）
を作成したときに発案したものである。

　DDC は，現在では冊子体のほか，ウェブ形式でも提供されており（「Web-
Dewey」という），またこれの LOD 化も進められている（LOD については1
章5節3項 b，3章5節3項 f を参照）。

　1891〜93年，カッター（Charles Ammi Cutter）は DDC の主類（最上位の
分類項目）の排列の順序や区分法には問題があるとして，『展開分類法（Ex-
pansive Classification：EC）』を刊行した。当時，理論的な面ではすぐれてい
ると評価された。

　1900年，米国の議会図書館（Library of Congress：LC）は書架分類法として使用するための独自の分類表として，『［米国］議会図書館分類表（Library of Congress Classification：LCC)』の作成を決定した。1901年以降，主題分野ごとに順次分冊刊行され，改訂も分冊ごとに行われている。LCC は列挙型分類法による分類表の典型だといわれている。なお，分類項目は「文献的根拠（literary warrant)」[6]に基づいて設定されている。DDC と同様，これも LOD 化が進められている。

　日本の国立国会図書館（National Diet Library：NDL）も書架分類法として使用するための独自の分類表として，『国立国会図書館分類表（National Diet Library Classification：NDLC)』を1967年に作成した。

　1905年，オトレ（Paul Otlet）とラ・フォンテーヌ（Henri La Fontaine）は『国際十進分類法（Universal Decimal Classification：UDC)』を刊行した。これは主題が図書よりも詳細で複雑なことが多い雑誌論文を主な対象としたことから，本表は詳細であり，かつ分析合成型分類法的な側面も有しており，従来の列挙型分類法とは異なる，「準列挙型分類法（semi-enumerative classification)」によるものとされている。なお，これも約2,600項目からなる「UDC summary」[7]の LOD 化が進められている。

　1906年，ブラウン（James Duff Brown）は『件名分類法（Subject Classification：SC)』を作成した。これは，本節で紹介している分類表の中では唯一観点分類法によるものとは異なるタイプの分類表であるが，現在ではほとんど使用されていない。

　1933年，ランガナータン（Shiyali Ramamrita Ranganathan）は『コロン分類法（Colon Classification：CC)』を公刊した。複雑な主題を正確に表すのに適しているが，その難解さや書架分類に向かないことなどもあって，現在あまり使用されていない。しかし，ファセットという新しい考え方を導入し，分析合成型分類法に基づくはじめての分類表として，高く評価されている。

　1940～53年，ブリス（Henry Evelyn Bliss）は『書誌分類法（Bibliographic

6：実際に収集した資料（文献）に基づいて索引語や分類項目を採用する場合，このような索引語や分類項目は「文献的根拠」に基づくものとされる。

7：これは「UDC 日本語要約版」というタイトルで翻訳されている。

Classification：BC)』の初版を刊行した。1977年より，ミルズ（Jack Mills）らが編纂する第2版（これは「BC2」と呼ばれている）が，分野ごとに分冊の形態で刊行中である。BC2はファセット分析を取り入れた全面改訂がなされ，実用性を備えた最新の分析合成型の分類表となっている。

1976年，『Broad System of Ordering：BSO』は，「世界科学技術情報システム計画（UNISIST)」の下で開発された。BSO は，個々の文献を分類するためではなく，世界中の図書館や情報センターの相互連携を進めるため，それぞれで用いている異なる分類表間のいわゆる "翻訳器" としての機能を果たすことを目的として考案された分類表である。そのため簡略であるが，最新の分析合成型分類法理論に基づいた分類表として注目されている。

近年，ネットワーク情報資源のための情報資源組織ツールとして「タクソノミー（taxonomy)」が注目を集めている。これまでタクソノミーは，リンネ（Carl von Linne）の植物分類などに代表されるように，すべてのクラスが明確に階層的に関係づけられたツリー構造（階層構造）の分類，あるいはより広義に分類構造を持つすべてのものの意で使われてきた。しかし近頃では，とくにウェブ・サイトで，情報を組織し検索を可能にするための，ある分野内の用語の構造化された語彙（つまり，ある分野内の分類法）を指すものとして使用されている。

5. 『日本十進分類法（Nippon Decimal Classification： NDC)』

1928年，森清は青年図書館員聯盟の機関誌に「和洋圖書共用十進分類表案」を発表した。これは翌年に，『日本十進分類法：和漢洋書共用分類表及索引』と改題されて出版された。

戦後，連合国軍総指令部（GHQ）特別顧問として来日したダウンズ（Robert B. Downs）は，国立国会図書館の和漢書用の分類表として，NDC を改訂して使用することを勧告した。また，1948年には『学校図書館の手引』（文部省）が，NDC の使用を推奨した。このような状況の中，日本図書館協会に設置された分類委員会は，森清より改訂を継承する形で NDC の改訂作業に入り，

1950年に『日本十進分類法 新訂6版』を刊行した。

その結果，NDCは学校図書館や公共図書館，さらには大学図書館での採用が増大し，日本の標準分類表として確固たる地位を築くこととなった。2008年4月の日本図書館協会の調査[8]によれば，公共図書館の99％，大学図書館の92％で使用されている。最新版は2014年12月に本表・補助表編，相関索引・使用法編の2分冊，B5判にて刊行された新訂10版である。2018年10月には，A5判に縮刷された分類表と件数が本版の3分の2程度の相関索引を1冊に収録した「簡易版」が刊行された。なお，NDC10版の機械可読データファイ（MRDF10）は，現在準備中であり，旧版の新訂8版，新訂9版については，LOD化されたデータが2019年3月に公開されている。以下，新訂10版によって，NDCの特徴について理解を深めたい。

（1）NDCの概要

NDCは基本的には，DDCを参考にして作成されているが，5-2表に見るように，知識の体系に基づき主要な学術・研究領域が列挙された第1次区分（類または主類）の設定とその排列については，NDC初版刊行当時，DDCよ

5-2表　NDC，EC，DDCの比較表[9]

NDC		EC		DDC	
0	総記	A	総記	0	総記
1	哲学	B－D	哲学・宗教	1	哲学
2	歴史	E－G	歴史諸科学	2	宗教
3	社会科学	H－K	社会科学	3	社会科学
4	自然科学	L－Q	自然科学	4	言語
5	技術	R－U	技術	5	純粋科学
6	産業	V－W	芸術	6	技術
7	芸術	X	言語	7	芸術
8	言語	Y	文学	8	文学
9	文学	Z	図書学	9	地理・歴史

8：大曲俊雄. わが国における図書分類表の使用状況：日本図書館協会「図書の分類に関する調査」結果より. 現代の図書館, 2010, vol.48, no.2, p.129-141.

りも論理的に優れているといわれた，EC にならっている。

　第2次区分以下の展開では，日本の図書館で使用しやすいように，日本の文化・事情を随所で考慮・優先した表のつくりこみ[10]がなされた分類表となっている。

（2）分類表の構成

　NDC の分類表は，「要約表」と「細目表」および後述する「補助表」とで構成されている。

　「要約表」には，「第1次区分表（類目表）」「第2次区分表（綱目表）」「第3次区分表（要目表）」の三種類があるが，それらはあくまでも NDC の分類体系を概観するために用意された表なので，分類作業[11]に使用してはならない。

　分類作業に使用される NDC の本体の表（本表）は，「細目表」である。NDC は各種の注記などを参照しなければ，正しい分類記号を付与することはできないので，各種の注記などが示されている「細目表」を使用することが，分類作業の基本原則となる。

　NDC の「要約表」と「細目表」は，以下の手順で構築されている。

　まず，知識の総体を九つの学術・研究領域に分け，それぞれを1〜9で表示する。次に百科事典のような各領域にまたがる総合的・包括的な領域を総記と名づけ0で表示し，合計10区分（第1次区分）にグルーピングする。こうしてできたのが「第1次区分表（類目表）」である。

　次のステップでは，これら第1次区分の各々をその領域にふさわしい区分原理を適用して10区分し（9区分＋総記），合計100区分（第2次区分）にグルーピングする。こうしてできたのが「第2次区分表（綱目表）」である（次ページの5-3表参照）。

9：日本図書館協会分類委員会編．日本十進分類法 本表・補助表編．新訂10版，日本図書館協会，2014，p.16.

10：例えば，日本に関する分類項目が最初に配置されている歴史，言語，文学の分野。あるいは，日本の宗教事情に合わせて，神道，仏教，キリスト教を主要な下位区分として展開している宗教の分野など（次ページの5-3表参照）。

11：資料の主題を分析し，その結果を分類表に基づいて分類記号に変換し，所在記号を付与する一連の作業。これについて詳しくは本章6節および8節で説明する。

5-3表　NDC綱目表[12]

第2次区分表（綱目表）

00　**総記**	50　**技術. 工学**
01　　図書館. 図書館情報学	51　　建設工学. 土木工学
02　　図書. 書誌学	52　　建築学
03　　百科事典. 用語索引	53　　機械工学. 原子力工学
04　　一般論文集. 一般講演集. 雑著	54　　電気工学
05　　逐次刊行物. 一般年鑑	55　　海洋工学. 船舶工学. 兵器. 軍事工学
06　　団体. 博物館	56　　金属工学. 鉱山工学
07　　ジャーナリズム. 新聞	57　　化学工業
08　　叢書. 全集. 選集	58　　製造工業
09　　貴重書. 郷土資料. その他の特別コ	59　**家政学. 生活科学**
レクション	
10　**哲学**	60　**産業**
11　　哲学各論	61　　農業
12　　東洋思想	62　　園芸. 造園
13　　西洋哲学	63　　蚕糸業
14　　心理学	64　　畜産業. 獣医学
15　　倫理学. 道徳	65　　林業. 狩猟
16　**宗教**	66　　水産業
17　　神道	67　　商業
18　　仏教	68　　運輸. 交通. 観光事業
19　　キリスト教. ユダヤ教	69　　通信事業
20　**歴史. 世界史. 文化史**	70　**芸術. 美術**
21　　日本史	71　　彫刻. オブジェ
22　　アジア史. 東洋史	72　　絵画. 書. 書道
23　　ヨーロッパ史. 西洋史	73　　版画. 印章. 篆刻. 印譜
24　　アフリカ史	74　　写真. 印刷
25　　北アメリカ史	75　　工芸
26　　南アメリカ史	76　　音楽. 舞踊. バレエ
27　　オセアニア史. 両極地方史	77　　演劇. 映画. 大衆芸能
28　　伝記	78　**スポーツ. 体育**
29　**地理. 地誌. 紀行**	79　**諸芸. 娯楽**
30　**社会科学**	80　**言語**
31　　政治	81　　日本語
32　　法律	82　　中国語. その他の東洋の諸言語
33　　経済	83　　英語
34　　財政	84　　ドイツ語. その他のゲルマン諸語
35　　統計	85　　フランス語. プロバンス語
36　　社会	86　　スペイン語. ポルトガル語
37　　教育	87　　イタリア語. その他のロマンス諸語
38　　風俗習慣. 民俗学. 民族学	88　　ロシア語. その他のスラブ諸語
39　　国防. 軍事	89　　その他の諸言語
40　**自然科学**	90　**文学**
41　　数学	91　　日本文学
42　　物理学	92　　中国文学. その他の東洋文学
43　　化学	93　　英米文学
44　　天文学. 宇宙科学	94　　ドイツ文学. その他のゲルマン文学
45　　地球科学. 地学	95　　フランス文学. プロバンス文学
46　　生物科学. 一般生物学	96　　スペイン文学. ポルトガル文学
47　　　植物学	97　　イタリア文学. その他のロマンス文学
48　　　動物学	98　　ロシア・ソビエト文学. その他のス
49　**医学. 薬学**	ラブ文学
	99　　その他の諸言語文学

5-4表 NDC細目表（抜粋）

579	その他の化学工業　Other chemical technologies

.1　　接着剤：にかわ, 糊料, アラビアゴム　→：668.4

＊別法：アラビアゴム578.35

.2　　石綿工業　→：569.4

.9　　生物工業 [バイオテクノロジー]

＊育種学→615.21；遺伝学→467；家畜育種→643.1；水産育種
→666.11；生化学→464, 491.4；発酵工業→588.5

.93　遺伝子操作技術の応用. 遺伝子工学　→：467.25

.95　細胞培養の応用

.97　微生物・酵素の高度利用

　さらに第2次区分の各々を同様に10区分し, 合計1,000区分（第3次区分）
にグルーピングする。こうしてできたのが「第3次区分表（要目表)」である。
　次の第4次区分以降は, それぞれの主題に応じて必要かつ十分なまで展開さ
れる。こうしてできたのがNDCの本表となる「細目表」である。例えば「細
目表」の「579　その他の化学工業」は, 5-4表のように展開されている[13]。
　分類記号が4桁以上となる場合には, 見やすくするために3桁目と4桁目の
間にピリオド（ドット）を付す。なお, 十進記号は絶対的な大きさを表す数値
ではなく, 単に順序を表す記号なので, 例えば「336.56」は,「サンビャクサ
ンジュウロクテンゴロク」と読まないで,「サンサンロクテンゴロク」と読む。

（3）十進記号法の持つ制約への対応策：区分肢数の調整

　十進記号法は主題の階層構造を数字の桁数で表現できるので, 記号の体系と
分類の体系が一致しており（このことを「階層表現力（expressiveness)」が
あるという), 分類の構造が把握しやすい。また, 十進数字は万国共通の記号
であり誰にでもわかりやすく, これの採用によって分類表の見た目が単純明快
となる。

12：前掲注9, p.47参照。以下, 5-4〜5-9表, 同書の該当部分による。
13：NDCでは4桁以上は最初の3桁が省略される。それゆえ5-4表では, 例えば本来「579.1」
　　となるはずの所が「.1」と表記されている。なお,「.」の意味は次文に記されている。

　しかし，これは常に9区分という枠組みに縛られることになる[14]。当然ではあるが，すべての主題が9区分されるとは限らない。これより多い区分が必要な場合も，少ない区分で充分な場合もある。そうしたとき，NDCでは以下のような対応策がとられている。

　9区分を超える場合には，関連性の強いものを同一記号にまとめて，区分の数を減らす，あるいは主要なものを1から8に区分して，最後の9を「その他」とする。

　一方，9区分に満たない場合には，本来ならば一桁長い記号となる下位区分（新たな区分原理を適用して得られる区分肢）の主題を上位に昇格させ，短い記号とする傾向が強い。この処置は，結果として十進記号法の階層表現力を崩すことになるので，NDCでは，分類項目名の表示位置を一文字下げることにより階層関係を明示している。

　逆に9区分の必要がなく空いている下位区分の記号に上位主題と同格の主題を割り当てているケースもある。この場合には，分類項目名の表示位置を一文字上げることにより階層関係を明示している。

　それぞれのケースをNDCの第2次区分表（綱目表）で確認してみる（124ページの5-3表参照）。

　「80　言語」では，「その他の東洋の諸言語」を関連性の一番強い「82　中国語」にまとめるなど，区分の数を減らすと同時に，「81　日本語」から「88　ロシア語」までに主要な言語を，そして「89　その他の諸言語」を最後に配置し，9区分では足りない状況に対応している。

　一方，本来は「46　生物科学．一般生物学」の下位概念である「47　植物学」と「48　動物学」に，同じ2桁の同格を表す分類記号を与えているが，実は下位区分であることを，分類項目名の字下げにより示している。

　逆に「49　医学．薬学」は，実は自然科学の下位区分ではないことを，分類項目名の先頭位置を一文字上げて自然科学に揃え，文字種もこれと同じものを使用することにより示している。

　あるいは，9区分に満たない場合に区分原理の異なる分類項目を途中に同居

14：ただし，本節2項で述べたように，1〜9に0（総記）をプラスすれば10区分となる。

させて区分調整を行う，「分類記号／分類記号　分類項目名」を松葉括弧
（<>）[15]で囲んだ「中間見出し」と呼ばれる変則的な分類項目も用意している。
「中間見出し」は，同格（同桁数）の分類項目の途中から異なる区分原理が適
用された分類項目が並ぶことになるので，それぞれの区分原理が適用される分
類項目の範囲を明示するために使用される。

5-5表　NDC細目表（抜粋）

313　　**国家の形態. 政治体制　Forms of states. Political systems**　→：329.1
　　　　　＊ここには，国家の歴史，国体，政体〈一般〉を収め，各国の政治体制は，
　　　　　312.1／.7に収める
　<.1／.2　国家の形態・歴史＞
　.1　　国家の形態：単一国家，連邦制，国家連合，付庸国
　.16　　　世界国家
　.2　　国家の歴史：原始国家，古代国家，中世国家
　<.4／.9　政治体制＞
　.4　　貴族政治
　.5　　封　建　制
　.6　　君主制. 絶対君主制. 立憲君主制　→：311.5；311.6
　.61　　　天　皇　制　→：155；323.131
　.7　　民主制：共和制，議会政治　→：309.1；311.7
　.8　　独裁政治. ファシスト国家　→：311.8
　.9　　社会主義国家. ソビエト国家　→：309.3；311.9

　　例えばNDCの細目表の「313　国家の形態. 政治体制」（5-5表参照）の
下位項目を見ると，「313.1　国家の形態：単一国家，……」「313.2　国家の歴
史：原始国家，……」と国家の形態および歴史の分類項目が並び，それに続く
「313.4　貴族政治」「313.5　封建制」「313.6　君主制. ……」「313.7　民主制：
共和制，……」「313.8　独裁政治. ……」「313.9　社会主義国家. ……」では
政治体制の種類の分類項目が並んでいる。
　　そこで313の下に「<.1／.2　国家の形態・歴史＞」[16]という中間見出しを入れ

15：NDC10版では，この記号をフランスパーレンと呼んでいる。
16：分類表の「／」は，「～」を意味しているので注意されたい（この例の場合「313.1から
　　313.2」ということ）。

て，313.1から313.2の範囲には国家の形態・歴史を区分原理とした分類項目が
展開されていることを明示し，さらに「<.4／.9　政治体制>」という中間見出
しにより，313.4から313.9は政治体制の種類を区分原理とした分類項目が続く
ことを明示している。

（4）細目表の構成要素

　細目表は，以下の要素から構成されている（5-1図参照）。

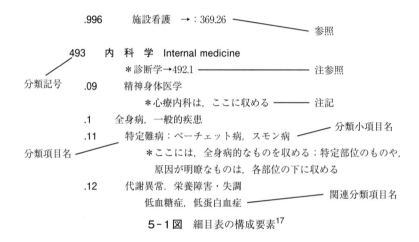

5-1図　細目表の構成要素[17]

a．分類項目

　分類項目は，基本的に以下の要素から成り，それらを補足するために注記・
参照が付される場合がある。

　①分類記号と分類項目名……分類項目の基本となる構成要素である。分類項
目名は分類記号の概念を表す名辞（語）である。複数の名辞がある場合には，
ピリオド（.）で区切って列挙している。

　②分類小項目名と関連分類項目名……分類項目によっては，分類項目名の下
位概念の名辞を分類小項目名としてコロン（:）を介して列挙している。また，
改行して，関連性のある名辞を関連分類項目名として示した箇所もある。

17：前掲注9，p.65参照。

③英文項目名……第3次区分までの分類項目名および2類の外国地名，外国人名，動・植物の科目名，8類の言語名には英語または原綴等を付記している。

b．注記

アステリスク（＊）に続き分類記号を付与する際に参考となる事項を示している。注記には以下のような種類がある。

①細分注記……分類項目の細分方法（区分原理）を指示する注記。

〔例〕317.8　植民地行政

　　　　　＊統治国による地理区分[18]

②限定注記……当該分類項目に含まれる範囲の限定を指示する注記。

〔例〕770　演　劇

　　　　　　＊ここには，舞台芸術を収める

③包含注記……分類項目名などに表示されてはいないが，当該分類項目に包含されるものを指示する注記。

〔例〕377.7　学術研究奨励

　　　　　　　＊ノーベル賞は，ここに収める

④排除注記……関連はあるが，当該分類項目の範囲から除外し，ほかの分類項目に収めるものを指示する注記。

〔例〕362　社会史．社会体制

　　　　　　　＊ここには，社会体制史，社会構造・組織史を収め，一般社
　　　　　　　　会史は，歴史の下に収める

⑤分散注記……基本的・総合的なもの以外の特定分野に関連し応用されるものは，それぞれの主題の下に分散させることを指示する注記。

〔例〕100　哲　学

　　　　　　　＊特定主題についての哲学は，各主題の下に収める

⑥別法注記……別法（別の分類方法）を指示する注記。

〔例〕678　貿　易

　　　　　　＊別法：333.9　貿　易[19]

18：これについては本節5項a **2** で説明される。

19：実際の分類表には分類項目名まで表示されていないが，読者の理解の便のため付与した。

ｃ．参照[20]

　分類項目間の横断的関係について，一方の項目から他方の項目へ，また相互に参照を付すことによってその関係を指示している。

　①「をみよ」参照……通常選択すべき分類項目を示す。

　〔例〕〔010.13〕[21]　図書館職員の倫理　→013.1　図書館職員．人事管理[22]

　②「をもみよ」参照……当該主題に関する別の観点の分類項目を示す。

　〔例〕645.6　犬→：489.56　イヌ科[23]

ｄ．注参照

　排除注記の機能を「をみよ」参照の形式で示す。また，関連する分類項目を「をもみよ」参照の形式で示す。

　〔例〕507.2　産業財産権

　　　　　　＊著作権→021.2　著作権．著作権法

　〔例〕431.7　電気化学

　　　　　　＊電気泳動→：433.4　分離分析

（5）補助表

　「補助表（auxiliary tables）」とは，本表（細目表）を補助するためのものである。すなわち分類対象に"ジャスト・フィット"する分類項目が細目表中にない場合，補助表の記号を合成することにより，よりフィットした分類記号（分類項目）を作り出すためのものである。NDCには，一般補助表と固有補助表の2種類の補助表がある。

ａ．一般補助表（3種4区分[24]）

　「一般補助表」は，細目表の全分野で使用可能なもの，または部分的であっ

20：参照については，件名標目表の文脈でも6章5節2項ｂ2で解説される。なお，以下の①②については，『基本件名標目表 第4版』では，"を見よ""をも見よ"という表記が用いられている。

21：通常は選択されない分類項目の分類記号には角括弧が付される。

22：実際の分類表には分類項目名まで表示されていないが，読者の理解の便のため付与した。以下の矢印（「→」もしくは「→：」）の右の個所も同じ。

23：645.6は家畜（ペット）としての犬の分類番号であり，489.56は動物学的にとらえた犬の分類番号である。

ても二つ以上の類で使用される補助表である。

■形式区分（Form division）（5–6表参照）

5–6表 NDC 形式区分表（抜粋）

−01	理論．哲学	−04	論文集．評論集．講演集．会議録
−02	歴史的・地域的論述	−05	逐次刊行物：新聞，雑誌，紀要
−03	参考図書［レファレンスブック］	−059	年報．年鑑．年次統計．暦書
−033	辞典．事典．引用語辞典．用語集．	−06	団体：学会，協会，会議
	用語索引［コンコーダンス］	−07	研究法．指導法．教育
−036	便覧．ハンドブック．ポケットブック	−08	叢書．全集．選集

　細目表より選び出した分類記号を必要に応じて，さらにその主題の表現形式によって細区分する場合に使用する補助表である。原則として，細目表中のすべての分類記号に直接付加することができる。

　〔例〕「公害ハンドブック」は，519（公害）＋036（形式区分：ハンドブック）→519.036となる。

　ただし，細目表中の分類記号の末尾に0が1個または2個付されている場合には，それらの0はないものとして形式区分を付加する。このやり方はどの補助表を使用する場合にも適用される。

　〔例〕「社会科学辞典」は，300（社会科学）から後ろの0を2個とも除き，3＋033（形式区分：辞典）→303.3となる。

　また，形式区分を付加したのと同一内容の分類記号が細目表中に用意されている場合には，その分類記号を使用する。これもどの補助表を使用する場合にも適用される。

　〔例〕「物理化学実験のてびき」は，431（物理化学）＋075（形式区分：実験法）→431.075とするのではなく，それと同じ意味を表す記号として細目表中に用意されている432.4（物理化学実験）を使用する。

　なお，その他にも例外があるのだが，これについては本シリーズ第10巻『情報資源組織演習』の最新版を参照されたい。

24：「Ⅰ 形式区分」および形式区分の-02を展開した「Ⅰ-a 地理区分」「Ⅱ 海洋区分」「Ⅲ 言語区分」の3種4区分である。

2 地理区分（Geographic division）（5-7表参照）

5-7表　NDC 地理区分表（抜粋）

-1　日本	-3　ヨーロッパ	-6　南アメリカ
-136　　東京都	-4　アフリカ	-7　オセアニア. 両極地方
-2　アジア	-5　北アメリカ	-71　　オーストラリア
-22　　中国	-53　　アメリカ合衆国	-79　　南極. 南極地方

　主題の取り扱いが特定の地域や国に限定されている場合に，必要に応じてその地域や国を表す記号を付加することができる。通常は，形式区分の-02（形式区分：歴史的・地域的論述）を介して地理区分の記号を付加する。

　〔例〕「中国の図書館事情」は，01（図書館）＋02（形式区分）＋22（地理区分：中国）→010.222となる。

　なお，地理区分の付加法にも例外があるのだが，これについても本シリーズ第10巻『情報資源組織演習』の最新版を参照されたい。

3 海洋区分（Sea division）（5-8表参照）

5-8表　NDC 海洋区分表（抜粋）

-1　太平洋	-5　大西洋	-7　北極海［北氷洋］
-4　インド洋	-6　地中海	-8　南極海［南氷洋］

　細目表中に「＊海洋区分」という注記がある451.24（海洋気象誌），452.2（海洋誌），557.78（海図）のみで使用され，各々の記号に直接付加することができる。

　〔例〕「インド洋の気象」は，451.24（海洋気象誌）＋4（海洋区分：インド洋）→451.244となる。

4 言語区分（Language division）（5-9表参照）

5-9表　NDC 言語区分表（抜粋）

-1　日本語	-4　ドイツ語	-7　イタリア語
-2　中国語	-5　フランス語	-8　ロシア語
-3　英語	-6　スペイン語	-9　その他の諸言語

　細目表中に「＊言語区分」注記がある分類項目で使用され，各々の記号に直接付加することができる。なお8類（言語）では，すべての言語区分が付加さ

れた形で細目表に列挙されており，各言語を言語区分の付加により表現する必要がないので，細目表の800の下に「＊言語区分」という注記は付記されていない。

〔例〕「Encyclopedia Britannica」（英語の百科事典）は，03（百科事典）＋
3（言語区分：英語）→033となる。

b．固有補助表（10種）

「固有補助表」は，一つの類またはその一部分についてのみ，共通に使用される補助表である。細目表中の次の10箇所[25]の分類記号の下に用意されている。

①178　神道各教派の共通細区分表

②188　仏教各宗派の共通細区分表

③198　キリスト教各教派の共通細区分表

④211/219　日本の各地域の歴史（沖縄県を除く）における時代区分

⑤291/297　各国・各地域の地理・地誌・紀行における共通細区分表

⑥510/580　各種の技術・工学における経済的，経営的観点の細区分表

⑦521/523　様式別の建築における図集

⑧700　写真・印刷を除く各美術の図集に関する共通細区分表

⑨810/890　言語共通区分

⑩910/990　文学共通区分

（6）相関索引

NDCの索引は「相関索引（relative index）」と呼ばれているが，一般に本文中に記載された事項（語）を抽出して作成される図書などの巻末索引とは，以下のような違った特徴をもっている。

NDCの本表にあたる細目表中に示されている用語のみではなく，これの同義語，類語など細目表中にはない用語までも，必要に応じて採録している。

また，それぞれの観点によって複数の主題分野に分散してしまう主題については，主題分野を示す語を後ろに丸カッコで付記した形で，索引項目として採録している（次ページの5-10表参照）。

25：固有補助表の命名法に若干不統一な点があるのだが，本書はNDCで使用されている名称をそのまま用いている。

5-10表　NDC 相関索引（「飼料」の項）[26]

飼料	（蚕糸業）	635.3	（蚕へ与える飼料について）
	（水産増殖）	666.13	（養殖水産物へ与える飼料について）
	（水産物利用）	668.1	（水産物を材料にした飼料について）
	（畜産業）	643.4	（家畜へ与える飼料について）
	（養鶏）	646.13	（にわとりに与える飼料について）

注：上記の例の番号後の（　）内は著者による補足説明

　さらに合成語については，合成語中に含まれる基幹となる語の下でも検索できるようになっている。以下の5-11表の例では，植物学を検索すると，その下で「植物学」が基幹語となる「園芸植物学」以下の分類記号も同時に検索できるようになっている。

　NDC の索引が「相関索引」と呼ばれるのは，ここでみたように，観点分類法では分散してしまう主題の相互関係に留意した索引だからである。

　相関索引は特定主題の分類記号を知りたい場合，分類表の体系全体の知識がなくても，その主題の体系上の位置を知ることができる大変便利なものである。

5-11表　NDC 相関索引（「植物学」の項）

植物学	470
園芸植物学	623
森林植物学	653.12
水産植物学	663.7
農業植物学	613.7

6．分類作業

　ここでは，基本的に各図書館に共通する分類作業について解説し，各図書館で個別に行われるレベルの分類作業については，本章8節で触れる。

　資料の主題を分析し，その分析した結果を所定の分類表に従って分類記号に変換する一連のプロセスを「分類作業（classifying）」という。

　ところで，分類記号には以下の2種類があることに注意しなければならない。

　①「書誌分類記号」……主題分析した結果をできるだけ正確・詳細に表現し，利用者の主題検索に応えるためにアクセス・ポイントとして書誌レコード中に

26：日本図書館協会分類委員会編．日本十進分類法 相関索引・使用法編．新訂10版，日本図書館協会，2014，p.129．以下，5-11表も同書の当該部分による。

記録される分類記号。

②「書架分類記号」[27]……資料自体を主題により体系的に排架するために所在記号の一部として所蔵レコード中に記録される分類記号。

今日の図書館ではこの両者の記号を一つの分類表を用いて得るのが一般的となっている（本章3節1項参照）。

（1）主題分析

主題分析については4章3節ですでに触れられているので，そちらを参照されたい。

（2）書誌分類記号への変換

使用している分類表の体系や記号法に従い，主題分析によって導き出された概念を分類記号に正確に変換（翻訳[28]）する。これには，分類記号の合成（組み合わせること）も含まれる。この組み合わせる際の順序のことを「引用順序（citation order）」[29]といい，これは分類表ごとに決められている。

細目表の分類記号同士の組み合わせを基本的に行わない NDC の場合には，書誌分類記号は，分類規程（本章7節参照）に基づき選択された一つの分類記号に各図書館の分類規程（本章8節1項参照）のうちの書誌分類に関わる規程が適用され，得られるのが一般的である。

その上で，選択されなかった分類記号を分類重出[30]し，それぞれの分類記号での検索をも可能とすることが望ましい。複数主題の資料や複数の著作からなる資料[31]の場合も同様である。

書誌分類記号への変換における一般的な留意点は，以下の4点である。

①図書館の利用者の利用しやすさを配慮する。

②最も特定的で詳しい分類記号を付与する。

27：書架分類記号については，本章8節2項aで触れる。
28：これについては，分類法という特定的な文脈からではないが，4章3節でも触れている。
29：これについては，分類法という特定的な文脈からではないが，4章6節でも触れている。
30：アクセス・ポイントとして，書誌レコード中に複数の分類記号を付与すること。
31：このような資料は「合集（collection）」と呼ばれる。

③常に首尾一貫した分類記号を付与する。

④相関索引のみを用いて分類記号を決定しないで，必ず本表で確認する。

7．分類規程

「分類規程（classification code）」とは，分類結果に一貫性を持たせるためのルールや指針となるものである。つまり分類作業に必要な約束事のことで，「分類基準」とも呼ばれる。特に NDC のように分類項目があらかじめ分類表中に列挙されており，分類記号の組み合わせによる主題表現が可能なケースが限られている分類表の場合，分類表に用意されているどの分類項目に収めるのか，なぜその分類項目を選択するのかに関するルールが明示されていることが，分類結果に一貫性を持たせるために不可欠となる。

分類規程には，各図書館に共通する一般分類規程と各図書館がそれぞれの実情に応じて（例えば，蔵書数やその分野構成，図書館の目的あるいは利用者の利便性などを勘案して）決める特殊分類規程とがある[32]。後者については本章8節で触れるので，ここでは前者の，NDC による分類記号の決定・付与作業に全般的に関係するものについて解説する。

（1）主題の観点

観点分類法である NDC では，主題の観点（学問分野）を明確にし，その観点の下にある主題の分類項目の分類記号を選択することが重要である。

観点が二つ以上（学際的著作）の場合，主たる観点が明らかならば，その観点の下に分類する。

〔例〕星川清親「米：イネからご飯まで」は，生産から見た米（616.2）と調理から見た米（596.3）をも内容に含んでいるが，著者の中心的な観点

32：ここでの一般分類規程と特殊分類規程の区別は NDC10版に基づいているのだが，この両者は以下の分け方で説明されることもある。

①採用する分類表とは関係なく，いずれの分類表にも適用される一般分類規程と特定の分類表に限定して適用される特殊分類規程とする分け方。

②特定の分類表の全体に適用される一般分類規程とその一部の分類項目に限定して適用される特殊分類規程とする分け方。

が流通から見た米（611.33）なので，611.33に分類する。

　しかし，主たる観点が不明なときは，その主題にとって最も基本となる，つまり，より基礎的，あるいは目的を示す観点の下に分類する。

　例えば上記の例が，このケースに当てはまる場合であったならば，まず米の栽培があってこそ，その流通や調理といった事象が生じることから，より基礎的観点であると考えることができる，生産から見た米（616.2）に分類する。

　なお，総記（0類）の分類記号を選択する可能性も見落してはならない。

　観点が二つ以上の場合は，選択しなかった観点の下の分類記号も書誌分類記号として分類重出することを考えたい。

（2）主題と形式概念の区別

　NDCは主題を優先する。まず細目表よりその主題を最も詳細・的確に表す分類項目を選択し，その分類記号を付与する。次に必要ならば，その主題を表現する叙述または編集・出版形式を形式区分表から選択し，主題の分類記号に付加する。

　〔例〕「生物学辞典」は，46（生物学）＋033（形式区分：辞典）→460.33となる。

　ただし以下の例外箇所がある。

　①さまざまな主題を総合的・包括的に取り扱う総記類（0類）の03（百科事典），04（論文集），05（逐次刊行物），08（叢書）では主題を特定できないので，編集・出版形式を優先する。

　〔例〕「世界大百科事典」は特定の「主題」に限定できないので，その「編集形式」である百科事典（03）の下の日本語の百科事典（031）に分類する。

　②文学作品はその作品の主題によらず，言語区分の上，文学形式（文学ジャンル）によって分類する。芸術作品もその表現形式（絵画，彫刻など）により分類する。

　〔例〕城山三郎「小説日本銀行」は日本銀行（338.41）ではなく，近代（明治時代以後）日本文学小説（913.6）に分類する。

（3）原著作とその関連著作

　特定著作の翻訳，評釈，校注，批評，研究，解説，辞典，索引などは，原著作と同一の分類項目に分類するのが原則である。

　〔例〕アガサ・クリスティ作　神鳥統夫訳「オリエント急行殺人事件」は，原著作と同じ20世紀英文学小説（933.7）に分類する。

　しかし以下の例外がある。

ａ．語学学習書

　語学学習を主目的とした対訳書，注釈書などに対しては，それが扱っている主題または文学形式に関わらず，学習される言語の読本，解釈として分類する。

　〔例〕藤木直子編著「エミリ・ブロンテ名詩選」は，ブロンテの詩を英文読解のテキストとして解説を加えて編集したものである。したがって，20世紀英文学詩（931.7）ではなく，英文解釈（837.5）に分類する。

ｂ．翻案，脚色

　ある文学作品をもとにその筋立てを借りて改作した翻案書や脚色された作品は，翻案作家，脚色家のオリジナルな作品として分類する。

　〔例〕A．ハケット　菅原卓訳「戯曲アンネの日記」は，アンネ・フランク原作のオランダ文学日記（949.35）をハケットが英語の戯曲に改作したものなので，ハケットのオリジナルな作品として20世紀英文学戯曲（932.7）に分類する。

ｃ．特定意図による抄録

　特定の意図により原著作から一部分を取り出して刊行されたような資料の場合には，その一部分によって表された（意図する）主題に分類する。

　〔例〕松田毅一，川崎桃太編訳「回想の織田信長：フロイス「日本史」より」は，フロイスの日本史の安土桃山時代に関する原著作の中から織田信長に関する記述のみを取り出して，新たにまとめ直したものである。したがって，日本史の安土桃山時代（210.48）ではなく，織田信長の個人伝記（289.1）に分類する。

　なお，原著作に分類される資料の場合には，関連著作の分類記号を，例外として関連著作に分類される資料の場合には，原著作の分類記号を必要に応じて

書誌分類記号として分類重出することも考えたい。

（4）複数主題

一つの資料が複数の主題をそれぞれ独立して取り扱っている場合は，以下の
三つのケースに分かれる。

①そのうちの一つの主題が特に中心的に取り扱われている，あるいは著者
の重点が置かれている場合には，その中心・重点となる主題に分類する。
〔例〕「胃癌の話 付：食道癌と腸癌」は，明らかに重点の置かれている
胃癌（493.455）に分類する。
②中心・重点となる主題がなく，二つまたは三つの主題を対等に扱ってい
る場合は，最初の主題に分類する。
〔例〕「ウメ・イチジク・ビワ」は，三つの中の最初の主題であるうめ
（625.54）に分類する[33]。
③中心・重点となる主題がなく，四つ以上の主題を対等に扱っている場合
は，それらを含む上位の主題に分類する。
〔例〕「コマツナ・シュンギク・レタス・ハクサイ」は，これら四つが含
まれる上位の主題である葉菜類（626.5）に分類する[34]。
なお，上記三つのケースとも，選択しなかった主題に対応する分類記号を必
要に応じて書誌分類記号として分類重出することが望ましい。

（5）主題と主題との関連

通常は独立している複数の主題を相互に関連させて扱っている場合には，そ
の関連の種類によって以下のタイプに分けて分類する。

ａ．影響関係

ある主題とほかの主題との影響関係を扱っている場合には，影響を受けた主
題に分類する。

33：なお，ここでは，この三つの主題の分野は，植物学ではなく果樹園芸という前提に立ち，
果樹園芸の下のウメの分類記号を付与している。
34：なお，ここでは，この四つの主題の分野は，植物学ではなく蔬菜園芸という前提に立ち，
蔬菜園芸の下の葉菜類の分類記号を付与している。

〔例〕「ベトナム戦争とアメリカ経済」は，影響を与えたベトナム戦争
　　　（223.107）ではなく，ベトナム戦争により影響を受けたアメリカ経済
　　　（332.53）に分類する。

　ただし，個人の思想・業績が多数人へ影響を及ぼした場合には，例外として
影響を与えた個人の方に分類する。

〔例〕「カントと近代日本思想」は，影響を受けた近代日本思想（121.6）で
　　　はなく，影響を与えたカント（134.2）に分類する。

ｂ．因果関係

　主題間に原因と結果という因果関係がある場合には，結果の主題に分類する。

〔例〕「海洋汚染と赤潮」は，原因となった海洋汚染（519.4）ではなく，そ
　　　の結果として発生した赤潮（663.96）に分類する。

ｃ．概念の上下関係

　主題間に概念の上位，下位という関係がある場合には，上位の主題に分類する。

〔例〕「農業と農村」は，農業と農村問題の二つの主題を取り扱っている。そ
　　　して，農村問題（611.9）は農業（61）の中の一つの領域，つまりその
　　　下位区分の問題なので，上位の主題である農業（610）に分類する。

　ただし，上位概念が漠然としていて，下位概念の主題が「本論」として論述
されているような場合には，下位の主題に分類する。

〔例〕「日本経済と雇用政策」は，日本経済（332.1）ではなく，雇用政策
　　　（366.21）に分類する。

ｄ．比較対照関係

　主題間で比較対照が行われている場合には，比較の尺度として使われている
主題でなく，著者が説明しようとする主題，または主張している主題に分類する。

〔例〕「日韓法制比較解説：物権法」は，韓国の物権法の特徴を日本の物権法
　　　との比較手法により説明しているので，日本の物権法（324.2）ではな
　　　く韓国の物権法（324.921）に分類する。

ｅ．主題と材料

　複数の主題間に，特定主題とそれを説明するために用いられた主題（材料）
という関係がある場合には，説明される主題に分類する。

〔例〕「教科書で見る近代日本の教育」は，教科書を「材料」にして近代日本

の教育を説明しているので，教科書（375.9）ではなく日本の教育（372.1）に分類する。

f．理論と応用

特定主題の理論と応用の両方を扱ったもの，および特定理論・技術の特定主題への応用を扱ったものは，応用された方に分類する。

〔例〕「原子力の理論と応用」は，理論の原子物理学（429）ではなく，その応用である原子力工学（539）に分類する。

また多数の主題への応用を扱ったものは，その応用部門を総合的に収める分類項目がある場合には，そこに分類する。

〔例〕「応用物理データブック」は，理論の物理学（420）ではなく，その総合的な応用のための分類項目である工業物理学［応用物理学］（501.2）に分類する。

ただし，応用部門を総合的に収める分類項目がない場合には，理論の方に分類する。

〔例〕「情報理論：基礎と応用」は，情報理論の総合的な応用のための分類項目がないので，情報理論（007.1）に分類する。

g．主題と目的

特定の目的のために（特定主題分野の利用者のみを対象として）著わされた資料は，原則としてその目的とした主題に分類する。

〔例〕「介護のための心理学入門」は，心理学（140）ではなく，介護福祉（369）に分類する。

ただしこのような場合，実際には基本となる（重点がおかれる）主題に関する一般的概論，つまり基本となる主題の解説（入門書的性格）であることも多い。その場合には，目的とした主題ではなく，基本となる主題に分類する。

〔例〕「介護のための医学知識」は，介護福祉（369）ではなく，医学（490）に分類する。

なお，ここで取り上げた主題と主題との関連の場合も，それぞれ選択しなかった主題に対応する分類記号を書誌分類記号として分類重出することが望ましい。

（6）新主題

　細目表に用意されていない主題に関する著作は，一般的にはその主題と最も密接な関係があると思われる主題の分類項目を見つけ，そこまたはそれより階層の上位にある包括的クラスの分類項目に分類する。

　しかし，適切な分類項目が見つからない場合には，NDC の分類体系の論理構造をしっかり把握・理解し，分類表の知識の連鎖の中で最も関連があると思われる系列に新主題のための分類項目を新設し，そこに分類することも検討する。

8．各図書館での分類作業と所在記号

　本章6節の最初のところで，主題分析およびその結果の分類記号への変換を分類作業と呼んだが，通常図書館では，以下の所在記号の付与をも含めた一連の過程を分類作業と呼び，分類担当者の業務としている。

（1）各図書館の分類規程（特殊分類規程）

　各図書館では，それぞれの実情に応じて分類表を一貫して適用していくための以下のような作業を行い，これに基づいて各図書館固有の書誌分類および書架分類に関する特殊分類規程を定めることが望ましい。

a.　資料に関する規程（別置など）

　これには図書以外の資料，例えば，その資料を見たり聞いたりするために機器が必要な録音資料・映像資料やマイクロ資料などの特殊資料に関する取り扱いも含まれる。

b.　分類表に関する規程

　　①付与する桁数の決定[35]

　　②二者択一項目[36]の選択・決定

35：分類表を書架分類に用いる場合は，資料自体の排架および検索のための「住所表示」として使用されるため，分類記号を短く，見やすい桁数にとどめるよう求められることも多い。各図書館は，それぞれの館種・蔵書構成・冊数などに応じて展開の桁数を決めることが望ましい。

③分類表中の名辞や用語の意味の限定，解釈の統一，適用範囲の明確化

④新主題のための分類項目の検討，不適当な分類項目の削除・不使用

（2）所在記号[37]の付与

「所在記号（location mark/location symbol）」は，「書架分類記号」と「図書記号（book number）」および「補助記号」から構成される。なお，これに「別置記号」を伴う場合もある。

所在記号は通常5–2図のようなラベル（背ラベルという）に書き込まれ，資料の背に貼付される。

…… 1段目には，L（別置記号）＋913.6（書架分類記号）

…… 2段目には，Ma81（著者記号）＋k（著作記号）

…… 3段目には，2（巻次記号）やa（複本記号）などを書き込むのが，一般的である。

5–2図　背ラベルと所在記号

上記のうち，著者記号については本項b**3**，著作記号，巻次記号，複本記号については本項c，別置記号については本項dで解説される。

なお，背ラベルは図書館ごとにさまざまなものが使用されているが，一般的には5–2図のような3段のラベルを用い，図書の背の下から1～2cm位あけた上に貼ることが多い。

資料はこの所在記号の順で排架される。具体的に記せば，資料は書架の棚（一連）ごとに，向かって左から右，上から下へと排架され，棚の右下までいったら，次は右どなりの棚の左上から排架される（次ページの5–3図参照）。その際，最初に図書の背ラベルの上段の記号の順に並べられ，上段が同じ記号の場合には中段の記号の順に，そして最後は下段の記号の順番に並べられる。

所在記号により排架位置が決まるので，この記号は資料の住所のような機能

36：各図書館の事情などによってどちらを採用するかを選べる分類項目。

37：これについては，1章4節2項cでも説明されている。

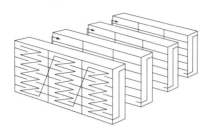

5-3図　資料の書架への並べ方

を有しているといえる。そのため，この記号は所蔵レコードにも記録され，目録により資料を検索した人に，その資料の所在場所を示す役割を果たすことになる[38]。

　全面閉架制の時代には，図書館の出納窓口（カウンター）でこの記号を示して，閉架書庫にある資料の閲覧請求をしたことから，「所在記号」は「請求記号」とも言われる。また，書架上の位置や排架場所を示すという機能から，「書架記号」「排架記号」などと言われることもある。

a．書架分類記号の付与

　「書架分類記号」は，資料自体を書架上に主題に基づいて体系的に排架するために付与される。これにより利用者は，自分の探している主題の資料を書架上でまとめて検索することができるのである。書架分類記号は，書誌分類記号への変換（本章6節2項参照）によって得られた書誌分類記号に各図書館の分類規程（本節1項参照）のうちの書架分類に関わる規程が適用され，付与されるのが一般的である。

b．図書記号の付与

　「図書記号」は，同一分類記号の資料をさらにグルーピングするために付与される記号である。図書記号の付与法（「図書記号法」）は複数存在する。館種，利用者，蔵書構成，蔵書数，開架制・閉架制などを考慮し，各図書館にとって最適な方法を選ぶ必要がある。以下，代表的な図書記号法をあげる。

1「受入順記号法」　同一分類記号の資料に対して，受け入れた順に一連の番号（例えば1，2，3……）を与える方法である。資料を完全に個別化でき，きわめて単純で容易なので，閉架制の時代にはよく使用されていた。しかし同一著者の資料が分散するという欠点もあり，現在ではあまり使われていない。

38：この役割を果たすため，各図書館では，利用者に資料の所在場所が的確にわかるように「館内案内図」「フロアー案内図」「書架見出し」「棚見出し」，棚の途中から異なる分野の資料が並ぶ場合には，区画板の挿入など，案内のための各種サインに関する工夫が求められる。なおサインについては，1章4節1項でも触れている。

2 「**年代順記号法**」　同一分類記号の資料を出版された順に排列するために，出版年を記号化して付与する方法である。最新の資料が重要視される科学技術分野には適しているといえるが，あまり普及していない。

3 「**著者記号法**」　同一分類記号の資料を同一著者の資料ごとにまとめて排列するための記号法である。著者名の頭文字ないし2～3文字（例えば夏目漱石なら，N，Na，ナ，ナツメ）を用いる方法や，「著者記号表（author mark list）」を使用する方法などがある。著者記号表を用いる場合，日本では「日本著者記号表（Nippon Author Marks：NAM）」が主に使用されている。記号は原則として，ヘボン式ローマ字（長音符号は無視する）で表した著者名読みの頭文字（大文字1文字）と2桁の数字の組み合わせで構成される。だだし，日本人の姓に多いK，M，S，T が頭文字の場合には，2文字目が小文字で付加されローマ字2文字と数字2桁の組み合わせとなる[39]。

　例えば，近藤の場合は，5-12表を見ると73 Kondo が見つかるので，73を採って著者記号を Ko73とする。記号表中に該当する著者名がない場合には，直前の数字を付与する。例えば，小林の場合は，5-12表を見ると Kobayashi はないのだが，Kobayashi は12 Kobay と13 Kobe の間に入ることから，直前の Kobay の数字を採って著者記号を Ko12とする。

5-12表　日本著者記号表（抜粋）[40]

BY MORI-KIYOSHI					Ki～Ko
Ki	11 Ko	Kin	41 Kok	Kitao	71 Kon
Kid	12 Kobay	Kind	42 Koke	Kitaok	72 Kond
Kido	13 Kobe	Kine	43 Koki	Kitau	73 Kondo
Kie	14 Kobo	Kini	44 Koko	Kitay	74 Kone

以下省略

39：なお，使用頻度の少ないKl，Kn，Kr，Ky，Sc，Si，Sm，Sp，St，Sw，Sy，Th，Tr，Tu，Ty では，数字が1桁に減らされ，さらに頻度の少ないKv，My，Sq，Tc では，数字はなく，文字のみとなる。

40：もりきよし．日本著者記号表：アルファベットによる二数字表．改訂版，日本図書館協会，1974，p.7．

c．補助記号

「補助記号」は，図書記号による資料の個別化をさらに徹底させる場合に使用する記号で，これには以下のような種類がある（143ページの5-2図を参照しながら以下を読まれたい）。

■「著作記号」 同一著者の複数の著作を区別するために，著作のタイトルの頭文字を図書記号に付加する。頭文字が同じであるときには，さらに区別に必要な文字を付ける。以下，「図書記号」として「著者記号」を用いている場合を例として説明する。

例えば松本清張の「黒革の手帖」なら，日本著者記号表から著者記号（Ma81）を選び，その後にタイトルの頭文字 k を付加して Ma81k，同じく「点と線」なら Ma81t とする。またタイトルにかかわりなくその受入順に2，3，4と序数を「著作記号」として使用する方法もある。

■「巻次記号」 1部2冊以上からなる資料の各々を区別するために，巻次を序数として図書記号に付加する。一般に背ラベルの3段目に記入することが多い。

■「版次記号」 同一著作の異なる版を区別するために，版次を序数として図書記号に付加する。一般に背ラベルの3段目に記入することが多い。

■「複本記号」 同一著作の同一版を複数所蔵する場合（つまり複本を所蔵する場合）に，その各々を区別するために，複本であることを示す記号を図書記号に付加する。一般に背ラベルの3段目に記入することが多い。

d．別置記号

既述のように資料は，一般にまず書架分類記号に従って排架されるが，それ以外の基準によって排架されることもある。このような排架法を「別置法」という。日本の図書館では，主に参考図書や大型本，貴重書，郷土資料[41]，絵本，児童書などに適用され，これらは分類に先立ってグループ化されることが多い。

41：図書館の所在する地域や自治体に関係する資料。以前は，郷土史に関する資料とみなされ，このように呼ばれていたが，最近では地域資料と呼ばれることも多い。別置以外に，NDC には「090　貴重書．郷土資料．その他の特別コレクション」の下を独自に展開して分類する方法が用意されている。一方，各図書館館独自の分類表を作成していることも多い。

　別置を行うための記号を「別置記号」と呼び，分類記号の前に付加される[42]
（143ページの5-2図参照）。記号はそれぞれの図書館でさまざまなものが工夫
されて使用されている。例えば参考図書にはR（Reference の略），大型本に
はL（Large の略）がよく利用される。また記号ではなく，ラベルの色などで
表す場合もある。

42：排架は所在記号の順に行われるが，別置は分類に先立って行われるので，別置記号は分類
　　記号の前に置かれる。

6章 語による主題組織法：自然語，シソーラス，件名標目表

　4章4節で，主題検索を可能にするために，5章で概説した分類法のほか，本章で取り上げる件名法による主題組織も行われている旨を述べた[1]。件名法とは語（名辞）による主題組織法を意味する用語である[2]。これには自然語によるものと統制語によるものがあり，後者はさらに，件名標目表を利用するものとシソーラスを利用するものに分かれる。

1．自然語と統制語

　自然語と統制語については，1章4節2項b[1][2]や4章5節ですでに論じている。ここでは，両者についての予備知識があることを前提に，より踏み込んで述べる。

（1）統制語の必要性

　「自然語（natural language）」（これは「非統制語（non-controlled term/ non-controlled vocabulary）」「自由語（free term/free word）」などとも呼ばれる）には「同義語（synonym）」や「多義語（polyseme）」[3]が存在する。これらが検索に悪影響を及ぼす。

　まず「同義語」について考える。1章4節2項b[1]で述べたように，「図書」「書籍」「本」は同義語と考えられる。ここで，図書に関する資料を探す場合を考えよう。今，図書に関する資料が3冊あり，組織化を行う人が，ある資料に

1：なお，件名と分類の両者による主題組織については，1章3節2項b[2]でも取り上げている。

2：ただし，語による主題組織法の中でも，次文にある件名標目表を利用するものを特に件名法という場合も多いので，注意されたい。

3：この語は初出だが，複数の意味を持つ語のことである。二段下に具体例が現れる。

は「図書」という語を思いつき，これを索引語に採用し，ある資料には「書籍」という語を思いつき，これを索引語に採用し，ある資料には「本」という語を思いつき，これを索引語に採用したとする。一方検索する人が，「本」という語を思いつき，これを検索語に採用したとする。その場合，「本」という語を索引語に持つ資料は検索されるが，「図書」や「書籍」を索引語に持つ資料は検索されない[4]。

次に，「多義語」について考える。英語で"bank"には，「土手」と「銀行」という二つの意味がある。したがって，「銀行」に関する洋書を探している人が"bank"という語を検索語に用いたら，「土手」に関する本まで検索されかねない。

上記のことからわかるように，一般に，「同義語」は「再現率」に悪影響をもたらし，「多義語」は「精度」に悪影響をもたらす[5]。

このような悪影響を防ぐために，図書館では伝統的に「統制語（controlled term/controlled vocabulary)」を用いてきた。統制語では同義語が統制され，同義語のうちどの語を用いるのかが決められる。また多義語も統制され，その語をどのような意味の語として用いるのかが決められる。したがって，統制語を用いることによって，精度と再現率の改善が期待される[6]。

語を統制するためには，そのよりどころとなる「統制語彙表」が必要になる。統制語彙表では，上記のように同義語や多義語が統制されるのであるが，そればかりではなく，関連する語も表示される。例えば，「星」に関連する語として「銀河」が表示されておれば，「星」についての資料に索引語を付与する人は，索引語の候補として「銀河」という語をも検討するかもしれないし，この資料を探している人は，「銀河」という語でも探すかもしれない。

統制語彙表には，「シソーラス」「件名標目表」「分類表」がある。前二者は，文字どおり語（語彙）を統制したものであり，これらでは，同義語の中から使

用すべき語が指定され，多義語の意味が限定され，関連する語が表示される。
前章で詳しく論じた後一者は，概念を記号化したものであり，同義語には同じ
分類記号が付与され，多義語には意味限定の上で分類記号が付与され，分類構
造によって関連する概念が示される。なお，本章は「語による主題組織法」の
章なので，以下「統制語彙表」という場合，分類表を含まないものとする。

（2）自然語の必要性

　前項で自然語の欠点を指摘し，情報資源組織における統制語の必要性を説い
た。しかし，情報資源組織において，自然語が不必要というわけではない。統
制語にも欠点があり，これを自然語が補いうるからである。

　対象分野のすべての語を統制する統制語彙表を作成するのは難しい。このこ
とは，全主題分野を対象とする統制語彙表を考えれば明白になる。全主題分野
の語を網羅的に，それも細かい（概念を表す）語までリスト・アップし，統制
するのは不可能である。語の抜けも生じようし，細かい（概念を表す）語を
一々リスト・アップしきれないので，それを包含する（概念を表す）語で対処
せざるをえないということもありえよう。そうすると，例えば細かい主題に関
する文献の場合，その主題を表す語が統制語彙表にないので，その主題を包含
する語を索引語や検索語に採用せざるをえないということになりかねず，精度
の低下が起こりうる。この点，自然語なら細かい（概念を表す）語も自由に使
用でき，かえって精度が上がりうる。

　また，統制語彙表はこれが作成されて以降に現れた新主題にはうまく対応で
きないので，このような主題にも自然語が有効といえる。以下，前段の精度の
話にからめて，このような主題に対する自然語の有効性について，1章4節2
項b**2**の例を再用して述べる。

　日本の標準的な件名標目表である『基本件名標目表（Basic Subject Head-
ings：BSH)』の最新版は1999年に刊行された。そのため，これには「スマー
トフォン」という語は収録されていない。とはいえ，「携帯電話」というこの
語を包含する語は収録されているので，この語が「スマートフォン」に関する
資料に使用される可能性がある[7]。その場合，この語で検索したのでは，「スマ
ートフォン」に関係しない「携帯電話」に関する資料まで検索され，精度の低

下が予想される。したがって，これに関する資料を探すときには，「スマートフォン」という自然語を用いるのは有効といえる。

2. 自然語による主題組織法

ここでは，自然語を利用した主題組織法のいくつかを，年代の昇順で紹介したい。

(1) キャッチ・ワード

19世紀後半に統制語彙表が現れる以前は，図書館は資料のタイトル（を構成する語）を，主題を表す語—これを「キャッチ・ワード（catch word）」という—から始まるように並べ替え，この並べ替えたものをアクセス・ポイントに採用し，これの音順（アルファベット順やアイウエオ順）で目録を排列するという方法で，語による主題検索に対応していた。

例えば，"Introduction to Information Organization" というタイトルの資料であれば，"Information Organization, Introduction to" というようなアクセス・ポイントを作成し，これの音順で目録を並べることで，語による主題検索に対応していた（この場合，"Information Organization" が「キャッチ・ワード」となる）。

(2) KWIC と KWOC

「KWIC（KeyWord In Context）」は，1950年代にルーン（Hans Peter Luhn）によって開発された，自然語による主題組織法である。これは，索引対象から抽出したキーワード（索引語）を中心におき，その前後の文字列を伴った形で表示するというものである。次ページの6-1表では，資料のタイトルが索引対象とされ，タイトル中のキーワードとなるもの（表の例では「情報」）を中心におき，これの前後にこれと接続するタイトル中の語を表示している（前もしくは後に接続する語がない場合は，当然のことながら表示されな

7：ただし，『基本件名標目表』を用いる場合，個々の図書館が独自に「スマートフォン」という語を索引語として採用することもできる。

い）。この表では，キーワードは「情報」しかないのでよくわからないが，KWICにおいては，キーワードは音順に排列される。

索引対象の中にキーワードの候補が複数ある場合は，その候補すべてがキーワードとして採用される。例えば，「生物・環境・情報」というタイトルの場合（表の上から二つ目），「情報」のみならず「生物」も「環境」もキーワードとして採用され，これらのキーワードは音順の当該位置に排列される（当然のことながらタイトル中のこれらのほかの語も，「情報」のときと同じく，キーワードの前もしくは後に表示される）。

右端にある記号は，目録法や書架分類法における所在記号と同様に資料の所在を表すものなので，この記号により利用者は資料に導かれる。

KWICの特徴は，キーワードの前後にそれに接続する語を付与することによって，そのキーワードがどのような文脈（context）の中で使用されているのかを確認できる点にある。KWIC（KeyWord In Context）という名称もその特徴にちなんでおり，直訳すると「文脈の中のキーワード」ということになる。

文脈が確認できなければ，どのような意味で当該キーワードが使用されてい

6-1表 KWICの例[8]

科学技術者の研究	情報	利用調査	25:41-53
生物・環境・	情報		25:135-155
日本における	情報	ネットワークNISTの発展	21:1-17
医学	情報	ネットワークと日本医学図書館協会	24:1-10
磁気テープによる書誌	情報	交換用フォーマットの標準化の動向	4:1-16
科学	情報	流通過程における科学報道記事	6:163-178
	情報	メディアの階層化	9:409-426
思想史からみた	情報	科学	14:229-250
図書館学，	情報	学の基礎文献；引用調査	18:77-88
	情報	検索の問題点と対策	22:11-29
オンライン	情報	検索システムの動向	4:43-62
システムリード型の医療	情報	検索システム	8:93-99
個人用	情報	検索システムACQUIREの開発	10:169-186
	情報	検索システムとその管理機能の問題	18:89-102
経済	情報	システム理念の発達	14:15-22
先進主要国の科学技術	情報	政策書の比較	22:143-159
合衆国海外	情報	センターの性格	23:77-91
医学	情報	センターへの変貌	15:63-75

8：この表（6-1表）と次表（6-2表）は以下による。科学技術振興機構．SISTハンドブック：科学技術情報流通技術基準．2008年版．科学技術振興機構，2007，p.362.

るのかが不明となり，精度が落ちることになる。例えば6-1表のKWICを見れば，「生物と情報」に関する資料を探している人は，自身のニーズに合う資料は上から2番目のものしかないことがすぐにわかる。しかし，この表で「情報」というキーワードしか示されていなかったら，「情報」をキーワードに含む資料に，その所在を示す記号を頼りに片端からあたって，当該資料が「生物と情報」に関するものかどうか確認せねばならない。その結果，膨大なノイズに悩まされることになる。

前項の「キャッチ・ワード」を利用したアクセス・ポイントも，KWICと類似した構造を有しており，キャッチ・ワードの使用文脈がわかるようになっている。自然語を使用する場合，同義語や多義語が統制されないので，せめて文脈表示くらいは行う必要がある，ということなのかもしれない。

「KWOC（KeyWord Out of Context）」を直訳すると，「文脈の外のキーワード」となる。これはKWICを見やすくしたものである。6-2表がその例であり，実際KWICより見やすくなっている。この表に基づいてKWOCを説明すると，キーワードをタイトル（文脈）の外に出し，別表示し，その後にタイトルを続けたものといえる[9]。

6-2表 KWOCの例

情報	科学技術者の研究情報利用調査	25:41-53
情報	生物・環境・情報	25:135-155
情報	日本における情報ネットワークNISTの発展	21:1-17
情報	医学情報ネットワークと日本医学図書館協会	24:1-10
情報	磁気テープによる書誌情報交換用フォーマットの標準化の動向	4:1-16
情報	科学情報流通過程における科学報道記事	6:163-178
情報	情報メディアの階層化	9:409-426
情報科学	思想史からみた情報科学	14:229-250
情報学	図書館学，情報学の基礎文献；引用調査	18:77-88
情報検索	情報検索の問題点と対策	22:11-29
情報検索	オンライン情報検索システムの動向	4:43-62
情報検索	システムリード型の医療情報検索システム	8:93-99
情報検索	個人用情報検索システムACQUIREの開発	10:169-186
情報検索	情報検索システムとその管理機能の問題	18:89-102
情報システム	経済情報システム理念の発達	14:15-22
情報政策	先進主要国の科学技術情報政策書の比較	22:143-159
情報センター	合衆国海外情報センターの性格	23:77-91
情報センター	医学情報センターへの変貌	15:63-75

9：なお，ここではKWICと違い，「情報科学」や「情報検索」のような「情報」に関する複合語は，複合した形で表示され，見やすくなっている。

（3）検索エンジンとフォークソノミー，タグ・クラウド：ウェブの世界

a．検索エンジン

ウェブの世界の「検索エンジン（search engine）」[10]も，基本的に自然語を使用するものである。これの検索結果表示画面では，検索に使用されたキーワードがどのような文脈で使用されているのかがわかるようになっており，「キャッチ・ワード」を利用したアクセス・ポイント以来の文脈表示手法が使用されている，といえる。

検索エンジンによる検索では，多くの場合大量のページが検索されるので，「ランキング出力（ranking output）」がなされる。これは検索者のニーズにより適合するとシステムが判断したものから順に，画面表示するものである[11]。

画面表示の順（つまりランキング）は，当該ページにおけるキーワードの出現回数（出現回数が多いほどそのキーワードに関連する内容である可能性が高い）や出現位置（例えばキーワードが本文中にあるよりタイトル中にある方が，そのキーワードに関連する内容である可能性が高い），当該ページの被引用数（リンクの張られ具合（多くのリンクが張られていたら，その分野で信頼され，定評あるページの可能性が高い））やその他のさまざまな要因によって決められている[12]。

b．フォークソノミー

「フォークソノミー（folksonomy）」は"folks"と"taxonomy"[13]の合成語であり，直訳すると「人々の分類」ということになる。近年のウェブは旧来のウェブから様相が変化してきたといわれている。その様相が変化したウェブを指

10：これについては，3章2節1項や4章5節でも触れられている（前者では比較的詳しく，後者では簡単に）。

11：なお，同じく検索エンジンを扱う3章2節1項では，「ランキング出力」という用語は出現しないが，「関連度」や「信頼度」に基づいて表示順を決めているという，以下で記されているランキングの決め方と同様のことが書かれている。

12：検索エンジンの仕組みについて詳しくは，次の文献を参照されたい。森大二郎．検索エンジンはなぜ見つけるのか：知っておきたいウェブ情報検索の基礎知識．日経BP社，2011，235p．

13：英語で分類を表す語には"classification"と"taxonomy"がある。通常，図書館の世界では前者が用いられ，ウェブの世界では後者が用いられる。

して，「Web2.0」[14]という用語がよく使用される。これはウェブの第2版というほどの意味の語である。これの特徴の一つとして，参加型ウェブということがあげられている。

　「フォークソノミー」は，Web2.0の参加型ウェブという特徴を反映したものである。具体的には，ウェブ・コンテンツを共有するためのウェブ・サイトなどにおいて，これの利用者がコンテンツに自由にキーワード（索引語）を付与するというものである。OPAC でもフォークソノミーの仕組みを取り入れるものが現れており，このようなシステムでは，これの利用者が自由に資料にキーワードを付与することができる。

　フォークソノミーは，人々が自由にキーワードを付与するものなので，検索という観点からは，これは膨大なノイズを生むことが予想される。しかし，自由にキーワードを付与するものだけに，思いがけない情報を検索できる可能性も生じる。したがって，これは発見型検索に役立ちうるものといえる。

　既述のように，「フォークソノミー」は「人々の分類」という意味の語である。だが，ここでは5章で論じたような「分類」はなされず，通常は「語」が付与される。その意味では，これは分類による組織法ではなく，語による組織法の一種と見るべきであろう。

　フォークソノミーは，皆でキーワードを付与するというものであった。キーワードのたぐいは「タグ（tag）」と呼ばれることがあり[15]，タグを付与することを「タギング（tagging）」というので，フォークソノミーに関連しては，皆で（社会的に）タギングを行うということから「ソーシャル・タギング（social tagging）」という用語が使用されることもある。

c．タグ・クラウド

　フォークソノミーなどで多くのキーワード（タグ）が付与されているとき，付与されているキーワード一覧があれば，検索語選択などの参考になる。「タ

14：本書では，原則として "Web" ではなく「ウェブ」と表記しているが，この場合，英語がよく使用されるので，英語表記を用いた。ほかの箇所でも同様な理由から，英語表記を用いる場合がある。

15：ただし，3章1節2項aで述べたように，マークアップするための記号もタグと呼ばれるので，注意されたい。

グ・クラウド（tag cloud）」は，直感的にわかりやすい形で検索語選択などを援助するためのタグ（キーワード）一覧といえる[16]。これの特徴は，付与頻度や利用頻度の高いタグは強調表示され，逆にこれらの頻度の低いタグは目立たないように表示される点にある。

頻度は時間と共に変化するので，タグ・クラウドも時間と共に変化する。タグ・クラウドは「タグの雲」という意味の語であるが，雲も時間と共に変化することから，このように呼ばれている。

6-1図　タグ・クラウドの例[17]

3．統制語による主題組織法：シソーラスと件名標目表

　「シソーラス（thesaurus）」は，基本的に事後結合索引法のための統制語彙表であり，「件名標目表（subject headings）」は，基本的に事前結合索引法のための統制語彙表である[18]。

　事後結合索引法では，語の結合順序（引用順序）の問題が原則として生じない。ゆえに，この索引法を意識した統制語彙表であるシソーラスは，語の意味

16：なおこれは，「ワード・クラウド（word cloud）」と呼ばれることもある。

17："情報システム用語事典：タグクラウド". ITmedia エンタープライズ. http://www.it-media.co.jp/im/articles/0702/28/news127.html，（参照 2019-07-31）.

18：「事後結合索引法」と「事前結合索引法」については，すでに4章6節で詳しく説明しているので，ここではもうこれらについての説明を繰り返さない。

関係の統制を行うだけで，基本的には統制語彙表としての役目を果たすことができる。

一方，事前結合索引法では，語の結合順序の問題が生じるので，この索引法を意識した統制語彙表である件名標目表は，語の意味関係の統制のみならず，語の結合順序の統制をも行わねばならない。

なお，言語学で語の意味に関する研究分野を「意味論（semantics）」，語のつながりなどに関する研究分野を「統語論（syntax）」と呼んでいるので，これにちなんで情報資源組織の分野でも，語の意味に関する分野を「意味論」，語の結合順序に関する分野を「統語論」と呼んでいる。この用語を使用すると，シソーラスには意味論のみが必要だが，件名標目表には意味論と統語論の両方が必要ということになる。

このように記すと，シソーラスの方が原始的で先に出現し，件名標目表の方が高度で後に出現したように思えるかもしれない。しかし逆である。標準的な件名標目表とされるものが，すでに19世紀末には出現しており，シソーラスが出現するのは，20世紀も半ばになってからである。

これには理由がある。旧来，図書館は冊子体目録やカード目録を使用してきたので，"並べて探す"事前結合索引法しか利用できなかった。それゆえ統制語彙表は，事前結合索引法を意識したものにならざるをえなかったのである。ただし，件名標目表は，まだ語による主題組織の理論的な整備が十分になされる前からあるものだけに，意味論と統語論を扱うといえども，長らく意味論的分析も統語論的分析も不十分であった。

一方，遅れて出現したシソーラスは，基本的に意味論に特化したものなので，意味論的な分析が深く，この点がこれの特色となっている。もっとも，件名標目表もシソーラスと同様な意味論的分析を行うようになってきており，意味論的には，両者の差はなくなってきている。

そのほかにも両者で若干の違いが見られるが，よく指摘されるのは一般性の差である。5章3節4項で，「一般分類法」と「専門分類法」に触れた。前者はすべての主題分野を扱うという一般性の高い分類法であり，後者は特定の主題分野などに特化した分類法であり，一般性は低い。この図式を使用して件名標目表とシソーラスを比較すれば，件名標目表の多くはすべての主題分野を扱

う「一般件名標目表」であるが，シソーラスは一般に特定の主題分野に特化したものである。

4．シソーラス

（1）シソーラスの出現とその事情

すでに述べたように，「シソーラス（thesaurus）」は基本的に，事後結合索引法のための統制語彙表である。したがってこれの出現は，事後結合索引法と密接に関係している。

1950年代初頭，タウベ（Mortimer Taube）によって，「ユニターム・システム（uniterm system）」という主題組織システムが開発され[19]，これにより事後結合索引法は確立期をむかえる。このシステムは当初自然語を使用していたが，自然語による索引付与には限界があったので，統制語を使用するようになった。1957年以降，事後結合索引法を意識した統制語彙表は，「シソーラス」と呼ばれるようになる[20]。

上述のように，事後結合索引法自体は1950年代に確立期をむかえた。とはいえ，これは情報資源組織（とりわけ索引・抄録[21]などに関する情報資源組織）にコンピュータが用いられるようになってから（つまり書誌データベース[22]が出現してから）本格化したものである。それゆえ，基本的に事後結合索引法のための統制語彙表であるシソーラスも，コンピュータによる情報資源組織／情報検索（つまり書誌データベースにおける情報資源組織／情報検索）で本格的に利用されるようになった。

最後に，シソーラスの構築に関しては，国際標準化機構（International Or-

19：「システム」という語がつくと，コンピュータを利用したものという印象を持つかもしれ
　　ないが，これは紙ベースのものである。
20：「シソーラス」という語は，「ことばの宝庫」という意味を有する語であり，この語はこれ
　　以前から，英語の「類語辞典」に対しても用いられてきた。
21：これらについては，すでに1章5節1項bで触れられているが，8章で主題的に解説され
　　ることになる。
22：書誌データを集めてデータベース化したもの。

ganization for Standardization：ISO）による国際標準があることを付け加え
ておく。この標準については，7章3節2項cで言及される。

（2）シソーラスの構造：『JST 科学技術用語シソーラス』を例として

　シソーラスは，基本的には索引語として使用される語（これを「優先語
（preferred term）」もしくは「ディスクリプタ／記述子（descriptor）」とい
う）と，使用されない語（これを「非優先語（non-preferred term）」もしく
は「非ディスクリプタ／非記述子（non-descriptor）」という）を音順に並べた
ものである[23]。非優先語・非ディスクリプタには，優先語・ディスクリプタへ
の参照が付与され，優先語・ディスクリプタには，それと関連するほかの優先
語・ディスクリプタなどが示される。なお，優先語・ディスクリプタと非優先
語・非ディスクリプタを2章2節2項bの用語と対応づければ，それぞれ，
「典拠形アクセス・ポイント」と「異形アクセス・ポイント」と対応する。

　ここでは，日本における代表的なシソーラスである『JST 科学技術用語シ
ソーラス』（以下「JST シソーラス」と略記する）の2008年版を例に採用し[24]，
シソーラスの構造やデザインを具体的に解説する。ただし，シソーラスごとに
構造やデザインは若干異なるので，この点注意されたい。なお，このシソーラ
スでは，「優先語」「非優先語」ではなく，「ディスクリプタ」「非ディスクリプ
タ」という用語が使用されている。

　次ページの6-3表は，「JST シソーラス」のディスクリプタ表示の例であ
る[25]。このシソーラスでは，ディスクリプタが見出し語として，そのフリガナ
と共に表示されている。

23：「基本的には」と記したが，例外的に分類表のように，分類順に語を並べたものに索引を
　　付加するという形式のものもある。なお，データベース化されたシソーラスの場合，語を
　　「並べ」て一覧化するということは，通常なされない。
24：最新版は2019年版なので，本来ならこれを使用すべきである。しかし，これはデータベー
　　ス化された版であり，次節で取り上げる『基本件名標目表』—これは冊子体である—との
　　比較にはなじまないので，あえて冊子体の最終版である2008年版を例に採用した。
25：この表は，次のウェブ・ページによっている。［科学技術振興機構］．"検索用キーワード
　　（08シソーラス）参照". https://dbs.g-search.or.jp/jdsub/thesaurus/thesaurus_
　　index.htm，（参照 2019-07-29）．なお，この表のほか，6-4表，6-5表も同じウェブ・
　　ページによっているが，三つの表とも原表を一部省略・修正している。

　ディスクリプタのもとに，これの分類記号（「JST シソーラス」では「主題カテゴリーコード」と呼んでいる）が記載されている。このような分類記号を有していないシソーラスも多いので，これはこのシソーラスの特徴といえよう。「CC18」は写真の分類記号，「CC20」は高分子化学の分類記号であることから，このディスクリプタはこの両者に関係するものであることがわかる。

　シソーラスでは，関連するディスクリプタは，一般に「NT」「BT」「RT」に分けて表示される。「JST シソーラス」もこの表示法を採用している。

　「NT」は"Narrower Term"の略であり，日本語では「下位語／狭義語」などと呼ばれている。これは，当該ディスクリプタより意味的に直下ということで，関連するディスクリプタを示すものである。ただし，「JST シソーラス」では，表にあるように，直下のディスクリプタのみならず，さらに下位のディスクリプタも中点（「・」）によって示される（ここでは，NT となる語の1段階下のディスクリプタが最下位となるので，ここまでしか示されていない）。

　「BT」は"Broader Term"の略であり，日本語では「上位語／広義語」などと呼ばれている。これは，当該ディスクリプタより意味的に直上ということで，関連するディスクリプタを示すものである。ただし，「JST シソーラス」

6-3表　「JST シソーラス」のディスクリプタ表示：その1

感光性高分子（カンコウセイコウブンシ）	←見出し語（フリガナ）
CC18,CC20	←主題カテゴリーコード
NT　光重合型樹脂	←NT とは意味的に下位の語
・　　光重合型コンポジットレジン	中点（・）が増えるほどより下位の語
光分解性高分子	
フォトレジスト	
・　化学増幅レジスト	
BT　感光材料	←BT とは意味的に上位の語
・　写真材料	中点（・）が増えるほどより上位の語
・・　材料	
反応性高分子	
・　機能性高分子	
・・　高分子	
RT　紫外線硬化塗料	←RT とは意味的に上位・下位の関係はな
露光	いが，関連している語

では，表にあるように，直上のディスクリプタのみならず，さらに上位のディスクリプタも中点（「・」）によって示される（ここでは，BTとなる語の2段階上のディスクリプタが最上位となるので，ここまでしか示されていない）。

「RT」は"Related Term"の略であり，日本語では「関連語」などと呼ばれている。これは，当該ディスクリプタより上位でも下位でもないが，意味的に関連しているディスクリプタを示すものである。

6-4表 「JSTシソーラス」の非ディスクリプタ表示

```
＊看護婦（カンゴフ）
   USE  看護師
```

6-4表のアステリスク（「＊」）は，その語が非ディスクリプタであることを表している。非ディスクリプタのもとでは，「USE」という記号が使用され，それに続いて，この語の代わりに使用すべきディスクリプタ（この場合は「看護師」）が表示される。「USE 看護師」であるから，日本語に翻訳すると「看護師を使用せよ」という意味になる。したがって6-4表全体では，「看護婦は看護師を使用せよ」というほどのことが，記されていることになる。

6-5表は，「看護婦」（非ディスクリプタ）の「USE」によって導かれる「看護師」（ディスクリプタ）の例である。ここでは6-3表にない記号「UF」が現れている。これは"Used For"の略である。この後に「看護婦」という非ディスクリプタが記されているが，「UF 看護婦」で「［このディスクリプタは］看護婦の代わりに使用される」という意味を表している。なお，「看護師」

6-5表 「JSTシソーラス」のディスクリプタ表示：その2

```
看護師（カンゴシ）
   LS52
   UF  看護婦
   BT  医療従事者
       ・   職種別従事者
       ・・  労働者
   RT  助産師
```

は最下位語なので，これには「NT」が存在しない。

　「NT」「BT」「RT」は，「JSTシソーラス」のみならず，シソーラスで一般的に用いられる旨を述べたが，「USE」や「UF」も，このシソーラスのみならず，一般的に使用されるものである。

5．件名標目表

　ここではまず，代表的な件名標目表を，若干の史的視点をも交えていくつか紹介する。その後，日本の標準的な件名標目表である『基本件名標目表』を概説し，そのことを通じて，『基本件名標目表』および「件名標目表」というものについての理解を図りたい。

　なお，これまで何度も「標目（heading）」という語が出現してきたが，これは目録法の世界の「アクセス・ポイント」にほぼ相当する用語である。ただし，件名標目表における「標目」は，アクセス・ポイントの中でも特に「典拠形アクセス・ポイント」（2章2節2項b参照）に相当する用語なので，注意が必要である。目録法の世界では，NCR2018から「標目」という用語を使用せず，「アクセス・ポイント」という用語を使用することになったが，件名標目表の世界では，その名称からもわかるように，現在も「標目」という用語を使用しているので，ここではこの用語を使用する。

（1）代表的な件名標目表：LCSH，NDLSH，BSH

　初の標準的な件名標目表は，米国で1895年に刊行された"List of Subject Headings for Use in Dictionary Catalog"だといわれている。その後1909年に，米国の中央図書館である議会図書館（Library of Congress：LC）が，"Subject Headings Used in the Dictionary Catalogues of the Library of Congress"を刊行する。これは後年，『［米国］議会図書館件名標目表（Library of Congress Subject Headings：LCSH）』と呼ばれるようになった。LCSHは，もともとはLCのために開発された「一館件名標目表」であったが，現在では米国の「標準件名標目表」となり[26]，さらには世界レベルでも広く使用されている。これは毎年改訂されており，この原稿の執筆時点（2019年現在）の最新版は第41版

である。

　日本の代表的な件名標目表としては，『国立国会図書館件名標目表（National Diet Library Subject Headings：NDLSH)』と『基本件名標目表（Basic Subject Headings：BSH)』をあげることができる。

　前者はその名称からわかるように，日本の中央図書館である国立国会図書館（NDL）のために作成された一館件名標目表である。1964年に初版が刊行され，その後1991年の第5版までは冊子体であったが，次の2005年度版と言われるものからは PDF 形式で提供され，さらに2010年には「Web 版国立国会図書館件名標目表（Web NDLSH)」として，そして2011年からは国立国会図書館の名称典拠データ（2章2節2項 b 参照）と共に「国立国会図書館典拠データ検索・提供サービス（Web NDL Authorities)」として，LOD を意識した RDF/XML[27]形式などで提供されている[28, 29]。

　米国の中央図書館である LC のための LCSH は，上述のように標準件名標目表と化しているが，日本の中央図書館である NDL のための NDLSH は，「一館件名標目表」のままであり，「標準件名標目表」の地位を占めるにいたっていない。これに対して，日本で標準件名標目表とされているのが BSH である。これの源流は，1930年に刊行された『日本件名標目表』とされている。BSH の初版は1956年に刊行され，最新版は1999年刊行の第4版である。

（2）『基本件名標目表（Basic Subject Headings：BSH)』

　この項では，日本の標準件名標目表である BSH の最新版（第4版）の概説を試みる。本節頭で述べたように，このことによって，BSH および件名標目

26：「一館件名標目表」「標準件名標目表」という用語を使用したが，これは5章3節4項で述べた「一館分類法」や「標準分類法」とパラレルな意味の語であり，前者はある特定の館のための件名標目表を指し，後者は広く標準的に使用される件名標目表を指す。

27：RDF/XML は，RDF を XML で表現（マークアップ）したものを指し，本章6節の6-2図や3章5節3項 b の3-16図に，これの実例が載っている。

28：Web NDL Authorities ついては3章5節3項 f でも，LOD との関係で紹介されている。

29：実は，国立国会図書館は米国議会図書館の後追いをしており，LCSH も PDF 形式でも提供されているし，名称典拠データと共に "Library of Congress Authorities" としても提供されている。もちろん，このデータも LOD を意識した RDF/XML 形式などで入手できる。

表というものの理解を促進したい。

a．BSH の概要

　シソーラスで優先語やディスクリプタに相当するものを，件名標目表では「件名標目（subject heading）」と呼んでいる。「件名」とは主題等を表す語であり（1章3節2項b **1**参照）[30]，ここでいう「標目」とは，本節頭で述べたように「典拠形アクセス・ポイント」のことなので，「件名標目」は「主題等を表す典拠形アクセス・ポイント」ということになる。なお，シソーラスでいう非優先語や非ディスクリプタに相当するものは，件名標目表では「参照語」と呼ばれており，これらと同様に「異形アクセス・ポイント」と対応する。

　BSH は，「公共図書館，大学の一般教育に必要な資料を主に収集する大学図書館，高等学校の図書館」[31]に必要とされる件名標目を中心に採録している。なお，『基本件名標目表』という書名から理解できるように，これは基本となる件名標目を採録したものなので，ここに採録されていない"基本を超える"ものについては，必要に応じて各図書館で件名標目を追加することが想定されている。

　本章3節で，シソーラスは一般にある特定の分野を対象とする旨を述べ，これに対して，件名標目表の多くは一般件名標目表である旨を述べたが，BSH は標準件名標目表であると同時に一般件名標目表でもある（なお，前項で紹介した LCSH も NDLSH も一般件名標目表である）。

　BSH は，件名標目と参照語などを音順（アイウエオ順）に排列した「音順標目表」，件名標目を NDC の順に排列した「分類記号順標目表」，件名標目の階層構造を表示する「階層構造標目表」などからなる。前一者が本表的な位置づけのもので，大部で本製本の1分冊を形成し，後二者が付表的な位置づけのもので，両者はまとめられて，比較的薄い簡易製本の1分冊を形成している。

　以下，各表について解説する。

30：なお，件名は基本的にアクセス・ポイントに使用されるものなので，主題などのアクセス・ポイントを意味するキーワード（1章4節2項b，4章5節参照）と同様な用語といえる。

31：日本図書館協会件名標目委員会編．基本件名標目表．第4版，日本図書館協会，1999，p.3.

b．音順標目表

■件名標目と参照語　BSH の採録語数は10,982語であり，そのうち件名標目は7,847語である。なお固有名などは，一部の例外を除いて BSH では扱われない。例外となるものの代表が国名である。国名については別途こればかりが集められ，「国名標目表」として「音順標目表」の後方に付されている。

次々ページの6-6表には，太字の語（例えば「熱力学」）と細字の語（例えば「熱ポンプ」）が記載されている。BSH では，太字の語が件名標目を意味しており，括弧の付いていない細字の語が参照語を意味している（各種括弧については後で触れる）。

件名標目のうち，その右肩にアステリスク（「＊」）が付いているもの（例えば上述の「熱力学」）は，第3版でも件名標目として用いられていたものである。一方，これの付いていないもの（例えば「ネーミング」）は，第4版から新たに件名標目となったものである。また「⑧」や「⑨」の後の記号は，件名標目をそれぞれ NDC 8版，9版で分類したときの分類記号を表している。

■参照など　件名標目表では，参照には伝統的に「を見よ参照（see reference）」（「直接参照」）と「をも見よ参照（see also reference）」（「連結参照」）が使用されてきた。これらについては5章5節4項c，dで分類法の文脈で説明されているが[32]，ここでは件名標目表の文脈から再度説明する。

前者の参照は，具体的には「AはBを見よ（A see B）」という参照であり，その意味は「Aを用いずBを用いよ」ということである。件名標目表においては，参照語から件名標目に導くために使用される。BSH では，この参照にはNDC と同様に矢印記号（「→」）が用いられている[33]。つまり，矢印記号が英語の "see" の役割を果たしているということである。なおシソーラスでは，"see" の役割を果たすものとして，前節2項で記したように，「USE」が一般に使用される。

後者の参照は，具体的には「AはBをも見よ（A see also B）」という参照であり，その意味は「AのほかにBをも確認することを勧める」ということである。件名標目表では，ある件名標目からこれに関連する別の件名標目に導く

32：ただし，NDC では「みよ」とひらがなが使用されている。
33：NDC については，5章5節4項cを参照されたい。

ために使用される。長らく，例えば"A see also B，C，D"というように，
関連する件名標目をひとまとめにして示していたが，シソーラスと同様に
「BT」「NT」「RT」という記号を用い[34]，関連する件名標目をこの三種に分け
て表示するようになってきた[35]。BSH も長らく使用していた「をも見よ参照」
の記号（矢印コロン記号（「→：」））の使用をやめ[36]，第4版から6-6表にあ
るように，「BT」「NT」「RT」という記号を用いるようになった。

　件名標目のもとには，これらのほかにも「SN」「UF」「TT」「SA」という
記号が見受けられる（6-6表の「年鑑」のところに，これら四つがすべて現
れている）。

　「SN」は"Scope Note"の略であり，BSH では「限定注記」と呼ばれている。
この記号の後には，当該件名標目を使用する際の注記が記される。なおこの記
号は，シソーラスでも一般に使用されている。

　「UF」もすでに述べたように，シソーラスでも一般に使用されている記号で
ある。これは当該件名標目に導かれる参照語がある場合，その参照語を示すた
めに使用される。

　「TT」は"Top Term"の略であり，直上位語である「BT」の系列の最上
位語を示すものである（「BT」が最上位語の場合は「BT」と「TT」は同じ語
になる）。なお，「TT」となる語の後に数字が付いているが，これは「TT」
となる語を音順に並べたときに，何番目にあたるのかを示す数字である。

　「SA」は"See Also"の略である。したがってこの記号は，一般には「をも
見よ参照」を表すものである。だが，BSH では原則として，「NT」となる語
が多数ある場合は一々記せないので，どのようなものが「NT」となるのかを
説明的に記す際に使用される。6-6表では，ほかのところをも見るようにと
いう旨の説明がなされているが，例えば「作家」という件名標目の場合，「SA」
の箇所には，「個々の作家名（例：島崎藤村）も件名標目となる」と記されて
いる。なお「SA」は，BSH では「参照注記」と呼ばれている。

　6-6表には件名標目や参照語と共に，二重松葉括弧（「《》」）や角括弧

34：これらの記号については，本章4節2項を参照されたい。
35：ただし「をも見よ参照」の時代は，「BT」までは対象としていなかった。
36：NDC では，今もこの記号を使用している（5章5節4項c参照）。

6-6表　音順標目表[37]

ネツポンプ	熱ポンプ → ヒート　ポンプ

ネツリキガク　**熱力学***　⑧*426.5 ; 431.6*　⑨*426.5 ; 431.6*
　　　　　　UF：化学熱力学. 統計熱力学
　　　　　　TT：物理学 212
　　　　　　BT：熱学
　　　　　　NT：エントロピー（熱学）. 工業熱力学. 熱応力

ネツリョウケ　熱量計 → **熱量測定**

ネツリョウソ　**熱量測定***　⑧*426.2 ; 501.22*　⑨*426.2 ; 501.22*
　　　　　　UF：熱量計
　　　　　　TT：工学 79. 精密機械 147. 物理学 212
　　　　　　BT：計測・計測器. 熱学

ネーミング　**ネーミング**　⑧*674*　⑨*674*
　　　　　　TT：経営管理 58. 社会心理学 109. 商業 118
　　　　　　BT：広告

ネムリ　　　眠り → **睡眠**

ネンガジョウ　**年賀状**　⑧*693.8*　⑨*693.8*
　　　　　　TT：通信 166
　　　　　　BT：郵便

ネンカン　　《**年鑑**》
　　　　　　年鑑および年鑑に関する著作には、次の件名標目をあたえる。
　　　　　　（1）年鑑に関する著作には、**年鑑**の件名標目をあたえる。
　　　　　　（2）一般年鑑には、**年鑑**の件名標目をあたえる。
　　　　　　（3）対象とする地域を限った年鑑は、その地名のもとに、**—年鑑**の一般細目をあた
　　　　　　　　える。ただし、日本を対象とする年鑑は、**年鑑**を件名標目とし、日本—年鑑とはしな
　　　　　　　　い。
　　　　　　（4）分野または主題を限った年鑑は、その分野・主題を表す件名標目のもとに、
　　　　　　　　—年鑑の一般細目をあたえる。（例：**音楽—年鑑**）

ネンカン　　[**年鑑**] <一般細目>
　　　　　　特定主題、および一州・一国または一地方に関する年鑑に対して、その主題を表す件
　　　　　　名標目のもとに、一般細目として用いる。（例：**音楽—年鑑. 中国—年鑑. 神戸市—年鑑**）
　　　　　　ただし、日本を対象とする一般年鑑には、**年鑑**をあたえる。

ネンカン　　**年鑑***　⑧*059*　⑨*059*
　　　　　　SN：この件名標目は、年鑑に関する著作、および日本の一般年鑑にあたえる。
　　　　　　UF：日本—年鑑
　　　　　　TT：図書館資料 184
　　　　　　BT：逐次刊行物
　　　　　　SA：特定主題および各外国名・各地方名のもとの一般細目**—年鑑**（例：**経済学—年鑑.
　　　　　　　　アメリカ合衆国—年鑑. 神戸市—年鑑**）をも見よ。

ネンキン　　**年金***　⑧*317.35 ; 336.45 ; 364.6*　⑨*317.35 ; 336.45 ; 364.6*
　　　　　　TT：社会政策 110
　　　　　　BT：社会保障
　　　　　　NT：企業年金. 厚生年金保険. 国民年金. 福祉年金. 郵便年金
　　　　　　RT：恩給

37：前掲注31, p.649参照。

（「［　］」）で囲まれた語もある（「《年鑑》」と「［年鑑］」）。これらの記号のうち
二重松葉括弧は，BSH では「説明つき参照」と呼ばれており，この記号で囲
まれている語のもとには，この語の使用法などが記載されている。一方角括弧
は，この記号で囲まれた語が「細目」（後述）となることを示す記号であり，
この語のもとには，これの細目としての使用法などが記されている。なお角括
弧で囲まれた語の後に，一重松葉括弧（「＜＞」）で囲まれた語が付されている
が，これは細目の種類を表している。

❸細目　　シソーラスは基本的に事後結合索引法に用いるためのものであるの
に対して，件名標目表は基本的に事前結合索引法に用いるためのものであった。
それゆえ件名標目表は，シソーラスとは違い，主題を構成する語の結合順序
（引用順序）の問題に対処せねばならない。

　この問題に対して，BSH は「主標目—細目」という結合順序で対処している。
すなわち，件名標目として太字で表記されている語が「主標目」となり，その
後に「細目」という位置づけの語が付加されるのである[38]。細目は，件名標目
のみでは主題等を十分に表現しきれないときに，通常付加される。

　例えば「日本文学辞典」という主題（および形式）の資料を考えよう。BSH
には「日本文学」という件名標目は記載されているが，「日本文学辞典」とい
う件名標目は記載されていない。しがたって，この主題には「日本文学」とい
う件名標目を用いざるをえないのだが，これでは「辞典」というところまで表
現できない。このような場合に細目が利用される。すなわち，BSH の細目に
「辞典」という語があるので，「日本文学」という件名標目にこの細目を付加し
て，「日本文学—辞典」というこの主題（および形式）に合致する件名標目を
合成するのである。

　上述の意味では，「細目」は5章5節5項で述べた NDC における「補助表」
と同様な働きをするものと考えられる。補助表には，原則としてすべての分類
記号に適用できる「形式区分［共通細目］」のほか，いくつかの種類があった

38：ただし同じ語が件名標目と細目の両者の役割を果たす場合があるので，注意が必要である。
　　例えば6-6表には，件名標目としての「年鑑」と細目としての「年鑑」の二つがリス
　　ト・アップされている。なお細目は，「音順標目表」中に件名標目や参照語と一緒に記載
　　されるが，そのほかにも音順標目表の末あたりに，「細目一覧」という形で別途掲載される。

ように，細目にも，原則としてすべての件名標目に適用できる「一般細目」の
ほか，いくつかの種類がある。例えば，言語名を表す件名標目の意味を限定す
るために付加される「言語細目」（例：「英語—会話」の「会話」），主標目の地
域を限定するために付加される「地名細目」（例：「資本主義—日本」の「日
本」），主標目の時代を限定するために付加される「時代細目」（例：「西洋史—
古代」の「古代」）などがある（詳しくは本シリーズ第10巻『情報資源組織演
習』の最新版を参照されたい）。

ｃ．分類記号順標目表

これは，件名標目をNDC 9 版によって分類し，分類記号順に排列したもの
である[39]。6－7 表を見ればわかるように，この表では，分類記号は件名標目の
左に付される（なお検索の便のため，
三桁の分類記号の始まりの箇所には，
その記号と分類項目名が字下げの上，
角括弧付きで表示されている）。当該
分類記号のほかにも分類記号が付与さ
れうる場合は，その記号が行の右に示
され，この分類記号の箇所には，再び
この件名標目が記載される（6－7 表
の「情報利用法」参照）。

この表には三つの役割がある。一つ
は，分類順（体系順）排列のもとで同
一分野の件名を通覧することで，より
適切な件名標目に導くという役割であ
る。二つは，分類記号と件名標目を関
係づけることで，「分類作業」と「件

6－7表 分類記号順標目表の例：
002の箇所と007の箇所の一部[40]

〔002	知識．学問．学術〕	
002	学問	
	国際交流	
	国際文化交流	377.6
	人文科学	
	地域研究	
002.7	情報利用法	007.1
〔007	情報科学〕	
007	情報科学	
007.1	意味論	801.2
	エントロピー（情報科学）	
	（中略）	
	情報利用法	002.7
	情報理論	
	（以下略）	

39：なお，NDC10版に基づく分類記号順標目表も，以下のウェブ・ページで公開されている。
　　"件名標目委員会"．日本図書館協会．http://www.jla.or.jp/committees/bsh/tab-
　　id/186/Default.aspx，（参照 2020-01-10）．
40：この表（6－7表）と次表（6－8表）は以下による。日本図書館協会件名標目委員会編．
　　基本件名標目表 分類体系順標目表・階層構造標目表．第4版，日本図書館協会，236p．

6-8表　階層構造標目表の例：医学の一部

7　〈医学〉

医学
・医学教育
・医学者
・医学哲学
　（中略）
・医療施設
・・サナトリウム
・・診療所
・・精神病院
・・病院
　（以下略）

名作業」[41]の効率化をはかるという役割である。三つは，新しい件名標目を追加する際に，適切な「をも見よ参照」（「BT」「NT」「RT」）の設定に資するという役割である。

d．階層構造標目表

　これは最上位語（「TT」）となる件名標目を音順に並べ，最上位語ごとに，その系列に属する（その語の下位となる）すべての件名標目の階層関係を表示したものである。6-8表は音順で7番目の最上位語にあたる「医学」の例である。

　この表には，新しい件名標目を追加する際に，適切な「をも見よ参照」（特に「BT」「NT」）の設定に資することなどが期待されている。

（3）件名規程：件名作業との関係で

　「件名作業」とは，資料に件名標目を与える作業のことである。これは，対象資料の「主題分析」により，その資料の主題を明確に把握し，件名作業を行う際の約束事である「件名規程」に基づいて，「件名標目表」よりその資料の主題に適切な標目を選択し，これを対象資料（の書誌データ）に付与するという一連の作業からなる。

　上段に記した諸概念のうち，「件名標目表」についてはすでに本節1項，2項で解説しており，「主題分析」についてもすでに4章3節で述べている。しかし，「件名規程」については触れていないので，この項では「件名規程」を取り上げる。

　分類作業を行うためには，その約束事を定めた「分類規程」が必要であった[42]。それと同様に，件名作業を行うにも，その約束事を定めた「件名規程

41：これは，5章6節で詳しく述べた分類作業とほぼパラレルな意味の用語であり，件名標目を与える作業のことである。なおこれについては，「件名規程」との関係で，次項で触れる。
42：「分類規程」については，5章7節で詳しく扱っている。

（subject code）」が必要になる。これには一般的に適用される「一般件名規程」
と，ある種の件名標目に特化して適用される「特殊件名規程」がある。以下で
は，日本の標準件名標目表である BSH によって，一般件名規程のうちの主な
ものに絞って簡潔に述べる（詳しくは本シリーズ第10巻『情報資源組織演習』
の最新版を参照されたい）。

ａ．特定記入の原則

　主題をもっとも特定的に表現する件名を与えるというのが，「特定記入（spe-
cific entry）」[43]の原則である。この原則によると，例えば「野球」に関する文
献には「野球」という件名標目を与え，「球技」や「スポーツ」という件名標
目を与えないということになる。なお，主題を特定的に表現する件名標目がな
い場合は細目を利用する（例えば，本節２項ｂ**3**の「日本文学―辞典」）。

ｂ．主題（や形式）が明確でない資料には件名標目を与えない

　主題（や形式）が明確でない資料には，原則として件名標目を与えない。こ
のような資料は主題（や形式）からの検索に不向きな資料であり，タイトルや
著者名から検索されるべき資料である。

ｃ．必要な数だけ件名標目を与える

　例えば，「柔道と空手」という主題の資料の場合，「柔道」という件名標目と
「空手」という件名標目の両者を与えねばならない。

6．SKOS[44]

　「SKOS（Simple Knowledge Organization System）」は，件名標目表やシソ
ーラスなどの統制語彙表の基本構造や内容を表現するためのモデルである。こ
れは３章５節３項ｂで紹介した RDF に基づき，統制語彙表に必要とされる
BT（上位語）や NT（下位語）や RT（関連語）などを表現できるように設計
されたものである。

43：“specific entry” は「特殊記入」と訳されることも多いし，BSH もこの語を使用してい
　　る。しかし，意味的には「特殊」ではなく「特定」が正しいと考えられるので「特定記
　　入」という訳語の方を採用した。
44：これについては３章５節３項ｄでも簡単に触れられている。

例えば，本章5節1項などで紹介した「Web NDL Authorities」で「動物」という NDLSH の件名標目を検索し，これの RDF/XML 形式の表示を見ると，これは具体的にはこの形式に基づく SKOS などで記述されており，「動物」のBT となる「生物」，NT となる「無脊椎動物」，RT となる「動物学」は，それぞれ6-2図のように記述されている[45]。

```
<skos:Concept rdf:about="http://id.ndl.go.jp/auth/ndlsh/00561523">
  <rdfs:label> 動物 </rdfs:label>
  <skos:broader rdf:resource="http://id.ndl.go.jp/auth/ndlsh/00570259"
  rdfs:label="生物"/>
  <skos:narrower rdf:resource="http://id.ndl.go.jp/auth/ndlsh/00567926"
  rdfs:label="無脊椎動物"/>
  <skos:related rdf:resource="http://id.ndl.go.jp/auth/ndlsh/00561544"
  rdfs:label="動物学"/>
</skos:Concept>
```

6-2図 NDLSH の件名標目「動物」の RDF/XML 表示（一部）

BT は "Broader Term" の略であったが，上から3行目から4行目の "文" の頭にある "skos:broader" が，「生物」は BT であることを示している。NTは "Narrower Term" の略であったが，上から5行目から6行目の "文" の頭にある "skos:narrower" が，「無脊椎動物」は NT であることを示している。RT は "Related Term" の略であったが，上から7行目から8行目の "文" の頭にある "skos:related" が，「動物学」は RT であることを示している[46]。

このような RDF に基づくモデルで記述することで，統制語彙表やその中の語を，コンピュータで利活用しやすくなる。

なお，前節2項で JST シソーラスを紹介したが，これにも SKOS が利用されている。

45：ただし，6-2図では，生物，無脊椎動物，動物学の箇所の前後にこれの記述の開始と終わり示す「〈skos:Concept…〉」と「〈/skos:Concept〉」などを入れて，SKOS の文として完結するように記している。

46：なお，NDLSH と SKOS については，以下をも参照されたい。永森光晴．"図書館サービスにおけるネットワーク情報資源の利用"．図書館情報技術論．杉本重雄編．樹村房，2014，p.158，（現代図書館情報学シリーズ，3）．

7章 | 書誌コントロール

1．書誌コントロールの意義

（1）書誌コントロールとは

　さまざまな資料がそれを必要とする人々に適切に届くよう，書誌データ等を整備して資料へのアクセスを可能にする活動を総称して，「書誌コントロール／書誌調整（bibliographic control）」という。これには，実際に書誌データ等を作成する作業のほか，そのためのツールを整備したり標準化をはかったりする活動も含まれる。本書でここまで述べてきたような情報資源組織活動は，書誌コントロールの範囲内に収まるといってよい。

　図書館の役割は「資料と利用者を結ぶ」ことだとよく言われる。書誌コントロールは，利用者が資料を発見・入手するために欠かせないものであり，図書館の役割に深くかかわる活動といえる。また，書誌コントロール活動の範囲には図書館の目録にとどまらず，主題別の書誌や雑誌・新聞の「記事索引」の作成（1章5節1項bや8章参照），あるいは引用文献の表記の統一といったことも含まれる。

（2）書誌コントロールのレベル

　書誌コントロールは，以下に述べるように，複数のレベルでとらえられる。

a．「単位レベル」の書誌コントロール

　図書館などの個々の機関内での書誌コントロールのレベルを「単位レベル」と称する。各図書館における情報資源組織活動がその典型である。他機関とはかかわりなく各館内で作成する目録であっても，品質の一貫性・信頼性を保つには，規則細部の適用ルールなど，館内での標準化の意識は不可欠である。

b．「複合レベル」の書誌コントロール

　今日では，単館だけで利用者を満足させるのは不可能であり，図書館間の協力・連携（図書館ネットワーク）が必須となっている。したがって書誌コントロールにおいても，機関を越えた視野が欠かせない。機関を越えた書誌コントロールのレベルを「複合レベル」と称する。これには地域レベルないし館種レベル，国レベル，国際レベルといった範囲の広狭のレベルがある。複合レベルの書誌コントロール活動は次の二つの側面に整理できる。

　一つは，書誌データの網羅的な作成・流通である。世界中にあるすべての図書や文献を確実に収録した「世界書誌」や「世界目録」を求めるのは，素朴だが当然の夢である。そのためには，すべての資料について書誌データが作成されなくてはならないが，作成漏れを防ぐには，分担や責任に関する調整（コントロール）が重要である。

　もう一つは，書誌データ作成にかかわる規則の標準化である。完全な「世界書誌」「世界目録」ができるかどうかは別としても，作成された書誌データを円滑に流通させるためには規則の統一あるいは相互運用性の確保が欠かせない。

2．書誌コントロールの歴史的展開

　2章7節，5章4節，6章5節1項で目録規則や分類表，件名標目表の歴史に触れている。ここでは，それらとあまり重ならないように注意しつつ，国際レベルの活動を中心に，書誌コントロールの歴史について述べる。

（1）前近代

　書誌・目録編纂の歴史は古代のエジプトや中国に遡ることができるが，本項では近世の2例を紹介する。グーテンベルクによる活版印刷術の発明（1450年ごろ）から約1世紀を経た1545年，スイスのゲスナー（Conrad von Gesner）が『世界書誌（Bibliotheca Universalis）』を編纂した。これはヨーロッパ文化圏に限定されてはいるが，その範囲内での網羅的書誌をめざし，約12,000点の書誌データを収録している。一方中国では，清朝・乾隆帝時代の1782年，一大叢書『四庫全書』の編纂過程で『四庫全書総目提要』が刊行された。これは当

時の中国の世界観の中で網羅性をめざした書誌であり，約10,000点の書誌データを収録している。

（2）世界書誌と「ドキュメンテーション」

　近代に入って，ベルギーのオトレ（Paul Otlet）とラ・フォンテーヌ（Henri La Fontaine）は，1895年に「国際書誌協会（Institut International de Bibliographie：IIB）」を設立し，全世界の文献データ（図書だけでなく雑誌論文なども含む）をカード形式の索引に集成する事業をはじめた。事業は文献量の著しい増大と第一次世界大戦によって途絶するが，この索引のために作られた「国際十進分類法（UDC）」は，現在も国際的な標準分類表の一つとして維持されている（5章4節参照）。

　IIB はその後，「国際情報ドキュメンテーション連盟（International Federation for Information and Documentation：FID[1]」に発展し，20世紀を通じて活動を続けたが，2002年に解散した。「ドキュメンテーション（documentation）」は，科学技術分野を中心とする専門文献の書誌コントロールに対して使われるようになった語で，今日の「情報学（information science）」の源流でもある。

（3）全国書誌の作成と書誌データの流通

　オトレらの本来の目的の挫折は，集中作業による「世界書誌」「世界目録」の作成がもはや不可能であることを示した。20世紀の国際書誌コントロール活動は，規則の標準化等を主眼とし，実際の書誌データ作成については，国ごとの努力に委ねられるようになった。すなわち，各国で国内の出版物を網羅した書誌である「全国書誌（national bibliography）」を国際標準に準拠して作成することで，そこに記載されている書誌データを国際的に利用可能にしようというわけである。これにより，実質的には世界書誌が作成されたのと同じ効果を得ることができる。国内で出版物等を刊行する際に国立図書館への納入を出

1：FID はフランス語の略語形。フランス語の語順だと，英語の International と Federation が逆になる。なお，Information は FID という略語が定着してから挿入されたので，この略語には，この語は反映されていない。

版者に義務づける「法定納本制度（legal deposit）」が多くの国で実施されているため，通常は，国立図書館が全国書誌作成機関となる。

　国立図書館に収集された資料を対象とする定期的（カレント）な全国書誌は，フランスで1811年に刊行が開始された"Bibliographie de la France"が最初である。その後，19世紀末から1930年代にかけて，イタリア，ドイツ，ソビエトなどでも全国書誌の編纂が開始された。イギリスはむしろ遅く，ようやく1950年に『英国全国書誌（British National Bibliography：BNB)』を創刊した。わが国の国立国会図書館（NDL）は1948年に，法定納本制度によって収集された資料の月刊の書誌である『納本月報』の刊行を開始した。この書誌は，数次のタイトル変更を経て1981年から『日本全国書誌』となった。なお定期的な全国書誌刊行以前の資料について，遡及的に書誌を作成・刊行することも各国で積極的に行われた。

　他国とやや異なる方針をとったのは米国である。1947年から議会図書館（LC）の目録が刊行されるが（タイトルは数度変遷），その対象は米国内の刊行物だけでなく，LC所蔵の外国資料も含んでいた。さらにこれは1956年から，LCの所蔵資料だけでなく，米国・カナダの主要図書館の収集資料をも加えた国レベル（正確には北米レベル）の総合目録，"National Union Catalog"に発展した。

　その後1960年代にMARCフォーマット（3章3節1項参照）が開発されると，MARCデータの頒布が行われるようになった[2]。米国のLCによるLC/MARCの正式頒布開始は1969年，わが国の国立国会図書館によるJAPAN/MARCの頒布開始は1981年である。当初は磁気テープ等の媒体による頒布であったが，インターネットの普及と共にネットワークを通じたデータ配布が行われるようになった。

2：これに先立ち，カード目録に用いることのできる「印刷カード」を国立図書館が頒布する事業も行われていた。例えば国立国会図書館は，1950年から1998年まで印刷カード事業を行っていた。

（4）国際書誌コントロール活動

a．IFLA の書誌コントロール活動

　各国で作られた全国書誌（の書誌データ）を交換して国際的に役立てるには，規則の標準化や交換用データ・フォーマットの開発が欠かせない。こうした国際的標準化活動に特に大きな役割を果たしているのが「国際図書館連盟（International Federation of Library Associations and Institutions：IFLA)」である。

　1927年に発足した IFLA は，間もなく目録法の標準化を企図した。この企画は第二次世界大戦によって中断されたが，戦後の1950年代になって本格的な標準化活動が再開され，この活動は2章7節1項bで述べたように，「パリ原則」と「国際標準書誌記述（ISBD)」に結実していった。1974年には，コア・プログラム「国際書誌コントロール（Universal Bibliographic Control：UBC)」が発足し，ISBD の制定や「UNIMARC（Universal MARC)」フォーマット（3章3節1項a参照）の開発が進められた。

　1990年代以降は，ISBD や UNIMARC の維持・改訂活動が続けられる一方，「FRBR」や「国際目録原則」など（2章3節参照），新たな目録法の枠組みを作る活動も活発に行われた。IFLA では2019年現在，「図書館サービス部会（Division of Library Services)」の傘下に「書誌（Bibliography)」「目録（Cataloguing)」「主題分析・アクセス（Subject Analysis and Access)」等の分科会（Section）が置かれ，これらが UBC[3]にかかわる諸活動を担当している。

b．その他の国際書誌コントロール活動

　さまざまな標準規格を定める国際機関である「国際標準化機構（International Organization for Standardization：ISO)」には，「情報とドキュメンテーション（information and documentation)」を扱う技術委員会（Technical Committee）である「TC46」があり，ここで書誌コントロールにかかわるいくつかの国際標準が策定されている。

3：組織としての UBC は，1987年に「国際書誌コントロール・国際 MARC（Universal Bibliographic Control and International MARC：UBCIM)」と改称された後，2003年に活動を停止した。現在は国際的な書誌コントロール活動を総称する用語として用いられている。

3．書誌コントロールにかかわる諸活動と成果

（1）書誌データの作成と流通

a．日本における全国書誌の動向

　「国立国会図書館法」では，国内刊行物の網羅的収集・保存を裏打ちする法定納本制度を定める一方，館長に対して「一年を超えない期間ごとに，前期間中に日本国内で刊行された出版物の目録又は索引を作成し，国民が利用しやすい方法により提供する」ことを義務づけており（第7条），NDL がわが国の全国書誌作成機関としての責任を負うべきことは，法的にも規定されている。

　全国書誌に求められる要件には，収録の網羅性，データの詳細性・信頼性，作成の迅速性などがあるが，とりわけ網羅的な収録が重要である。国立国会図書館の作成する全国書誌は，行政資料（官公庁出版物）や自費出版物など，市場で流通していない資料もできる限り収録している。また収録媒体を次第に広げており，1999年からはマイクロ資料，パッケージ系電子資料，静止画資料，録音資料などを，2003年からはさらに一枚ものの楽譜・地図，音楽録音資料，映像資料を，収録対象に加えた。近年，出版業界が把握する書籍新刊発行点数は年間8万冊程度で推移しているが，全国書誌の収録件数（JAPAN/MARCの収録件数）は年間16万件前後となっている。

　本章2節3項で述べたように，全国書誌の提供は長らく，冊子体『日本全国書誌』刊行と JAPAN/MARC データ一括頒布の両方式で行われていたが，冊子体は2007年に刊行を中止した。現在では，JAPAN/MARC 頒布に加えて，「国立国会図書館サーチ」（3章4節4項参照）等で日次更新されるデータをダウンロードする機能が提供されている[4]。

　諸外国のものと比較した場合の，日本の全国書誌の問題点として，データ作成の遅さ（出版とのタイム・ラグの大きさ）が指摘され続けてきた。全国書誌

4：「日本全国書誌」という名称は2012年以降は用いず，「全国書誌データ提供サービス」と呼んでいる。

作成機関（国立国会図書館）と出版業界との連携が弱い（具体的には，本項c
で述べる「CIP」の仕組みがない）ことが主因である。国立国会図書館では
2010年以降，資料受け入れ後すぐに簡略な書誌データを作成・提供して後日詳
細な完成データに置換する方式の導入や，出版業界で作成される「近刊情報」
等のデータの導入（自館作成データと合わせて検索可能とする）など，この問
題の改善につとめている[5]。

b．国内書誌コントロールをめぐる問題

　全国書誌の作成を中心とする国内書誌コントロール活動は各国で行われてい
るが，対象となる資料はますます増大・多様化し，法定納本制度に支えられた
国立図書館といえども，一館だけで全責任を果たすことは難しくなっている。
こうした状況の中，米国の議会図書館（LC）は1977年に「名称典拠共同プロ
グラム（Name Authority Cooperative Program：NACO）」を開始し，ほかの
図書館との共同による典拠データ作成に踏み切った。その後このプログラムは，
書誌データなど他の分野にも拡大され，1995年からは「共同目録プログラム
（Program for Cooperative Cataloging：PCC）」という枠組みとなり，参加館
を海外まで広げている。

　今日では情報機器の発達によって，小部数の出版物を比較的安価に作れるよ
うになり，一部でしか流通しない出版物が急速に増えてきている。このような
環境下では，全国書誌作成機関による集中処理方式のみの書誌コントロールに
は無理があり，地域資料（郷土資料）に関する役割分担や，膨大な総合目録デ
ータベースを抱える書誌ユーティリティ（3章3節3項c参照）との連携など
が避けて通れない状況にある。

　さらに近年，増大の一途をたどるオンライン資料の収集・保存や書誌コント
ロールが国立図書館の大きな課題となっている。このような事情を反映して日
本では，2013年から一部のオンライン資料が法定納本制度の対象となり，国立
国会図書館では2014年から「日本全国書誌（電子書籍・電子雑誌編）」の提供

5：2010年に出版業界・書籍流通業界・図書館等さまざまな機関の協力・連携のもとに「公
　共的書誌情報基盤」の構築をめざす動きが起こり，全国書誌データ作成の迅速化が要望さ
　れたことが，背景にある。

を開始した[6]。また，国内のネットワーク情報資源を収集・保存する「ウェブ・アーカイビング」事業として「インターネット資料収集保存事業（Web ARchiving Project：WARP)」にも取り組んでいる（3章2節1項参照）。

c．CIP

　海外の図書には7-1図のように，標題紙裏などに書誌データが刷り込まれているものが多い。これは出版業界と全国書誌作成機関（国立図書館等）との協力作業によるものである。具体的には，出版社が校正刷り段階の原稿を全国書誌作成機関に送り，ここがこの原稿によって一定の書誌データを作成し，出版社が出版物にそれを刷り込むというものであり，「CIP（Cataloging In Publication)」と呼ばれる。最終段階で異同の起こりやすい出版や形態に関する事項などは書誌データから除かれているが，目録作業の効率化・標準化に非常に役立つものである。

Library of Congress Cataloging-in-Publication Data
Jones, Ed, 1951-
　RDA and serials cataloging / Ed Jones.
　　pages　cm
　Includes bibliographical references and index.
　ISBN 978-0-8389-1139-6 (alk. paper)
　1. Resource description & access. 2. Cataloging of serial publications. 3. Cataloging of integrating resources. I. Title.
　Z694.15.R47J66 2013
　025.3'2—dc23

　　　　　　　　　　　　　　　　　　　　　　　　　　　2013005033

7-1図　CIP の例（LC）

　CIP 事業は1971年に米国の LC が開始した後，今日では多くの国に普及しているが，残念ながら日本では実施されていない。

d．書誌データ・典拠データの相互運用性[7]

　各国で責任をもって作成された全国書誌を集積する，もしくは横断的な検索

6：ただし，「日本目録規則」ではなく「DC-NDL」（3章5節2項a参照）を適用したメタデータとして作成されており，提供も他の全国書誌データとは別途に行われている。
7：この用語は本章1節2項でも出現しているが，これについては1章5節3項aや2章3節4項，3章5節などを見よ。

を可能とすることで，現代における「世界書誌」「世界目録」が構築される。
本書のいくつかの章および次項で述べる各種の国際的標準化は，これを保証す
るためのものである。国際標準を基礎に，自国特有の出版事情などを考慮した
目録規則を作って全国書誌を構築していけば，書誌データは相互に交換可能な
ものとなる。

　ただ，書誌データはそれでよいものの，典拠データについては問題が残る。
例えば，村上春樹の小説はさまざまな国で翻訳出版されているが，各国の全国
書誌ではそれぞれの規則に従った形（その国の利用者に最も使いやすい形）の
統制形アクセス・ポイントが付与されており，「世界目録」でも集中機能を求
めるならば，国際レベルでの統一もしくは連携が必要になる。この点に関して
2003年から，「バーチャル国際典拠ファイル（Virtual International Authority
File：VIAF）」事業が進められている[8]。この事業では個人，団体，著作等の典
拠データについて，単純な統一（例えば日本人なら日本語形を優先）が世界の
すべての利用者を満足させるものには必ずしもならない点を考慮し，各国の典
拠データを相互にリンクしあった状態で並列的に維持する仕組みがとられてい
る。VIAFは2019年現在，各国の国立図書館など40機関以上がデータ提供を行
う巨大なデータベースとなっており，わが国の国立国会図書館も2012年に参加
している[9]。

　同様に主題（分類，件名）の相互連携も必要であるが，扱われる概念が言語
によって一対一に対応しない場合などもあり，簡単ではない。

（2）書誌コントロールにかかわる国際標準

　すでに各章で述べたものが中心となるが，事項別に各種の国際標準を列挙す
る（繁雑さを避けるため，他章への参照は原則として省略しているので，巻末
の索引を活用されたい）。

8：米国議会図書館，ドイツ国立図書館等の共同プロジェクトとしてはじまり，現在は
　　OCLCが維持管理を行っている。なお，VIAFについては3章5節3項fをも参照されたい。
9：このほか，書誌ユーティリティである国立情報学研究所（NII）（3章3節3項c参照）も，
　　2017年に参加している。

ａ．目録法

　IFLA によって1997年に，その後の目録法の基盤となる概念モデルである「FRBR」が発表され，その後典拠データに関する概念モデルも作成された。2017年には，これらの統合的な後継モデル「IFLA LRM」が発表されている。

　IFLA はまた古くから，「国際目録原則」「ISBD」も作成している。目録法に関する基本的な国際合意文書である国際目録原則は，1961年に作られた最初のもの（通称「パリ原則」）が長く用いられたが，2009年に FRBR モデルを取り入れた新たな原則が出され，その後2016年に改訂されている。ISBD は，2011年に刊行された「統合版」が最新版である。

ｂ．MARC フォーマット

　MARC フォーマットの外形式（レコードの構造）については，ISO2709「情報交換用フォーマット（Format for Information Exchange）」（最新版は2008年）が国際標準である。内形式についての国際標準には，IFLA による「UNI-MARC」があり，書誌データ用フォーマットが1977年に，典拠データ用フォーマットが1991年に作られ（なお後者は特に「UNIMARC/Authorities」と命名されている），改訂を重ねている[10]。各国の全国書誌作成機関は国内フォーマットと UNIMARC の相互変換を行うことが求められている。ただ，北米で1999年に誕生した「MARC21」フォーマットがその後非英語圏でも相次いで採用されており，こちらが事実上の標準（de-facto standard）となりつつある。NDL による JAPAN/MARC も，2012年に MARC21フォーマットを採用した。

ｃ．主題組織法

　シソーラスの構築法に関しては，1970年代以降 ISO における規格化がはかられ，若干の変遷を経て現在は ISO25964「シソーラス及び他の語彙との相互運用性（Thesauri and Interoperability with Other Vocabularies）」（2011, 2013）が国際標準である。分類法・件名法については，IFLA による「件名典拠記入および参照記入のためのガイドライン（Guidelines for Subject Authority and Reference Entries：GSARE）」（1993）があるが，包括的な国際標準といえるものはない。

10：書誌フォーマットは2008年の「第3版」，典拠フォーマットは2009年の「第3版」が最新版で，部分的にはその後も随時改訂されている。

異なる索引言語間の変換用言語となることを役割の一つとして作られた分類表に，「BSO（Broad System of Ordering）」がある。1970年代に開発され，その後も改訂されている。

d．メタデータ

「ダブリン・コア」や「RDF」などメタデータ関連の標準化は，国際的非営利団体「W3C（World Wide Web Consortium）」によって行われている。W3C の標準化文書は，「勧告（Recommendation）」と呼ばれ強制力を持つものではないが，事実上の標準としての影響力は強い。なおダブリン・コアは W3C で定められた後，2003年に ISO15836として正式な国際標準となっている（最新は2017年版）。

e．標準番号と識別子

目録法ともつながりの深い「国際標準図書番号（International Standard Book Number：ISBN）」「国際標準逐次刊行物番号（International Standard Serial Number：ISSN）」は，それぞれ ISO2108，ISO3297として標準化されている。

図書の出版に際して付与される ISBN は，7-2図に示した構造をもち，「国際 ISBN 機関」のもとで，各国の管理機関（日本では日本図書コード管理センター）が出版者記号の割り当てを行っている[11]。

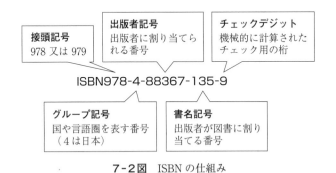

7-2図 ISBN の仕組み

11：当初は10桁で，2007年から13桁に拡張された。なお，わが国の出版流通業界においては，ISBN に「分類コード」（販売対象や内容分類をコード化したもの）と「定価コード」を付したものが，「日本図書コード」として用いられている。

　雑誌などの逐次刊行物に付与される ISSN は，「0385-4000」のような8桁の番号で，ISBN のような番号の構造をもたない。これは「ISSN ネットワーク」によって管理されている（日本の国内センターは国立国会図書館）。なお ISSN の付与にあたっては，番号と共に「キー・タイトル（key title）」と呼ばれる個々の雑誌を国際レベルで確実に識別できるよう考慮して作られたタイトルの形が決定され[12]，番号と共に登録・管理される。

　何らかの対象を明確に同定識別でき，安定性をもった記号列は「識別子（identifier：ID）」と呼ばれ，近年ウェブ上などでの情報流通において重視されている。情報資源（資料）に対する識別子として，ISBN，ISSN は比較的長い運用実績を持つものであるが，その他にも近年に使用されだしたものとしては，デジタル形式の学術雑誌論文等に対する「DOI（Digital Object Identifier）」（2012年に ISO26324）[13]などがある。また近年，個人・団体などを同定識別する識別子も開発されている。これには広範な領域で著者等の識別をめざして開発された「国際標準名称識別子（International Standard Name Identifier：ISNI」（2012年に ISO27729），学術研究者を対象とする「ORCID（Open Researcher and Contributor ID）」（2012年に運用開始），図書館等を識別する「図書館及び関連組織のための国際標準識別子（International Standard Identifier for Libraries and related organizations：ISIL）」（2011年に ISO15511）などがある。

f．学術情報流通

　「ISO/TC46」の標準には，学術論文における引用文献の書き方や雑誌名・機関名の略記法といったものがいくつかあり，これらも書誌コントロールと関係している。これら学術情報の流通にかかわる標準は，わが国では「科学技術情報流通技術基準（Standards for Information of Science and Technology：SIST）」として整理されている。

12：タイトルをローマ字化したものが用いられ，識別のための情報が付加されることもある。例えば，岩波書店発行の雑誌『思想』（ISSN 0386-2755）のキー・タイトルは「Shisō (Tokyo. 1921)」である。

13：日本では2012年から「ジャパンリンクセンター（JaLC）」が登録機関となっている。

8章 （補章）索引・抄録

　本章では，1章5節1項bで取り上げた索引と抄録について詳しく述べる。なお，4章で述べた「主題索引法」，および6章で述べた「語による主題組織法」（特に4節の「シソーラス」）は，共に本章の内容と密接な関係がある。

　さて，「索引（index）」と「抄録（abstract）」は，書誌（bibliography）や目録（catalog）とは異なり，1冊や1部のレベルではなく，その中の細かい記事レベルでの検索を可能にするものである。また，著者，タイトルからのアクセスもさることながら，主題からのアクセスを特に意識したものといえる。したがって，特に未知資料検索[1]時に有効な検索手段として利用されている。

　索引や抄録と記したが，正確には，これらを組織して利用できるようにした「索引誌（index journal）」や抄録誌「（abstract journal）」を指しており，これらは「二次資料（secondary source）」と呼ばれている。1960年代から二次資料はコンピュータを利用した編集・印刷が行われるようになり，1970年代以降は，印刷物の発行と共に，オンラインデータベースも提供されるようになった。現在では，印刷物での発行は中止され，データベースのみが作成・提供されるようになってきているものが多い。そのため，本章では基本的にはデータベースを前提として記すことにする。

1．索引の定義と種類，およびその機能

（1）索引の定義

　「索引（index）」は，「必要な情報に容易にアクセスできるように用語を抽出し，その用語の所在場所と共に一定の排列順序でリストしたもの。図書や雑誌などの巻末に置かれるものと，雑誌記事索引のようにその記事で取り扱われて

1：これについては，1章3節2項や2章2節1項a **2** を参照されたい。

いる内容を主題分析して得られた索引語を抽出あるいは付与して，情報検索に備えるものとがある」[2]と定義される[3]。ただし，データベースでは，印刷物のように排列順序や形式について配慮する必要がなくなっている。

（2）索引の種類

索引には，大別して1冊の図書や百科事典などに書かれた内容を索引の対象とする巻末索引（閉鎖型索引）と，雑誌や新聞などの一つひとつの論文や記事を1単位とする記事索引（開放型索引）とがある[4]。

本章では，記事索引——特に雑誌記事索引——について述べていく。記事索引は主題分野を特定して索引対象雑誌を決めている場合が多い。また，雑誌は継続的に刊行されるので，通常，「索引作業（indexing）」も継続的になされる。記事索引は一定の質を保ちながら，おもに図書館以外の情報提供機関で作成される。

（3）記事索引に収録される書誌データの構成

記事索引データベースに収録される一つの記事（論文）における書誌データは，8-1図に示したように構成される。

　⑴当該データベースにおけるレコード番号［8-1図の①］
　⑵記事のタイトル，サブタイトル［8-1図の②と③］
　⑶著者名，および著者に関する情報（所属機関など）［8-1図の④］
　⑷掲載資料名（雑誌名），および雑誌に関する情報（ISSN など）［8-1図の⑤］
　⑸当該雑誌の巻，号，記事の掲載ページ，当該雑誌の発行年月日および写

2：“索引”. 図書館情報学基礎資料. 今まど子・小山憲司編著. 第3版, 樹村房, 2020, p.103.

3：なお，1章5節1項bでは，索引を「資料の構成部分に踏み込んだ検索を可能にするもののこと」としており，4章1節では，簡略かつ一般的に「検索を容易に行うための仕掛けを「索引（index）」と呼ぶ」と記されている。

4：Klement, Susan. Open-system versus closed-system indexing: A vital distinction. The Indexer. 2002, vol.23, no.1, p.23-31. https://www.theindexer.org/files/23-1/23-1_023.pdf, (accessed 2019-06-29).

①整理番号：08A0300313
②和文標題：データベースと索引方針　サーチャーからみたデータベースの索引方針への期待
③英文標題：Database and indexing policy. Anticipation of indexing policy for databases from the viewpoint of a searcher.
④著者名：原田智子（鶴見大 文）
⑤資料名：情報の科学と技術　JST 資料番号：F0178A ISSN：0913-3801
⑥巻号ページ（発行年月日）：Vol.58, No.4, Page.166-171（2008.04.01）写図表参：写図 1, 参 20
⑦資料種別：逐次刊行物（A）記事区分：解説（b2）
⑧発行国：日本（JPN）言語：日本語（JA）
⑨抄録：商用文献データベースにおける索引方針の内容と，インデクシングの問題点について論じる。大勢のインデクサーによる共同作業が必要となる大規模データベース構築では，蓄積される情報内容の統一性や一貫性が求められ，索引方針や索引作成マニュアルが必須である。サーチャーからみたインデクシングの問題点としては，索引方針や索引作成マニュアルの非公開，インデクシングの一致性の限界，インデクサーの主題に関する知識と文献内容把握の限界，インデクシングの質の問題が挙げられる。サーチャーは索引方針や索引作成マニュアルの公開によりインデクシングの全容を知ることができ，質の高い検索結果にもつながる。（著者抄録）
⑩分類コード：JD03030U, AC06020S, AC05030W（681.3:061.68, 002.5:005, 002.5:025.3/.4:005）
⑪シソーラス用語：*データベース，*文献検索，*インデクシング【計算機】，ドキュメンタリスト，一貫性，マニュアル，主題分析，検索効率，*索引
⑫準シソーラス用語：インデクサ，サーチャー，*文献データベース

8-1図　JSTPlus[5]における書誌データの記述例

　真・図表，参考文献数［8-1図の⑥］

　(6)掲載資料の種別と記事の種別［8-1図の⑦］

　(7)掲載資料の発行国と記事の言語［8-1図の⑧］

　(8)記事の主題に関する情報（抄録，分類記号，キーワード[6]）［8-1図の⑨，

　　⑩，⑪，⑫］

　記事索引データベースによって書誌データは多少異なるが，一般に，国際標準書誌記述（ISBD）に準拠する目録の書誌データより詳細である。

　記事索引の利用者は，タイトル，著者，主題（キーワードや分類記号）など

5：科学技術振興機構（Japan Science and Technology Agency：JST）が作成する国内外の科学技術文献を収録する雑誌記事索引データベース。ジー・サーチが提供するJDream Ⅲで利用できる。
6：図中のシソーラス用語と準シソーラス用語を指している。ここでいうシソーラスは 6 章4節 2 項で取り上げた『JST 科学技術用語シソーラス』である。シソーラス用語とはディスクリプタのことであり，準シソーラス用語とはまだディスクリプタとまでは認定されていないものの，将来的にシソーラス用語として採用される可能性のある語を指している。

から該当する記事を検索することができる。

（4）索引の機能

　情報資源組織の観点から索引の機能を考えると，書誌や目録と同様に書誌デ
ータを必要としている人々が，自分の必要とする書誌データを的確に検索でき
るようにすることにある。その機能を果たすために，記事索引では，詳細にキ
ーワードや分類記号が付与されており，ほとんどの場合，本章２節で述べる抄
録も付され，主題から系統だって的確に検索できるように仕組まれている。な
お，目録が語（件名）からの検索と分類による検索を保障しているように，索
引も語（キーワード）のほか分類からの検索を保障するものも多い。両者につ
いては，１章３節２項ｂ**2**と４章４節でも述べたが，ここでもう一度両者の違
いがわかるように例えていうならば，分類はトロール漁法（大きな網を海にし
かけて一度に大量の魚を捕らえる漁法）であるが，索引は一つ以上の語（キー
ワード）を使用して検索できるので，カツオの一本釣りのような漁法である。
それぞれの方法にメリットとデメリットがあるため，ときには分類と索引を併
用することも効果的な検索結果を生む。

２．抄録の定義と種類，およびその機能

（1）抄録の定義

　情報資源組織の過程において，索引は主題分析の結果を語（キーワード）で
表現するのに対して，抄録（abstract）は，これを文章で表現するものである。
そのため抄録では，対象文献の内容をより詳しく知ることができる。現在，学
術雑誌では，一般に投稿者に対して「抄録作業（abstracting）」[7]を義務づけて
おり，和雑誌でも日本語と英語の両方の抄録を書くように要求している場合が
多い。

　前段で抄録を主題分析の結果を文章で表現したものと記したが，正確には，

7：後述のSIST 01では「抄録作成」という用語（訳語）が採用されており，この用語を使
　用することも多いので注意されたい。

「記事内容の概略を迅速に把握する目的で作られた文章で，主観的な解釈や批判を加えず，記事の重要な内容を簡潔かつ正確に記述したものをいう」と定義される[8]。なお，「抄録」のほかに「要旨／要約（summary）」「梗概（synopsis）」「レジュメ（résumé）」などの用語が使用される場合もある。

（2）抄録の種類

　抄録は，情報内容，作成者，書き方，掲載場所などにより，以下の種類に分けることができる。

a．情報内容による種類

■指示的抄録　「指示的抄録（indicative abstract）」は，「原記事の主題とその範囲を説明した抄録で，原記事を読む必要の有無を判断するのに役立つように作成されたもの」である[9]。長さは欧文で30〜50語（words），和文では50〜70字程度で書かれる。一般に，総説（review），解説記事，モノグラフ（専門分野の単行書）に対して作成される。次ページの8-2図は，同一の原文献に対する指示的抄録と，次に述べる報知的抄録の例を示している。

■報知的抄録　「報知的抄録（informative abstract）」は，「原記事の内容（結果，結論を含む）を記述した抄録で，原記事を読まなくても，内容の要点が理解できるように作成されたもの」である[10]。長さは，欧文で200語（words）前後，和文では400字程度で書かれる。一般に，原著論文（original article/original paper），学位論文（thesis/dissertation），特許文献（patent literature）などに対して作成し，内容のオリジナル性を重視する文献に適している。なお，原著論文とは，「学術的な研究により得られた知見を公表することを目的とし，完結した内容を含む論文」のことである[11]。

b．作成者による種類

■著者抄録　「著者抄録（author's abstract）」は，文献の作成者自身によっ

8：“SIST 01：抄録作成-1980（1987確認）”. SIST：科学技術情報流通技術基準. https://jipsti.jst.go.jp/sist/handbook/sist01/main.htm，（参照 2019-08-11）.

9：前掲注8参照。

10：前掲注8参照。

11：“SIST 07：学術雑誌の発行と構成-2010”. SIST：科学技術情報流通技術基準. https://jipsti.jst.go.jp/sist/handbook/sist07_2010/main.htm，（参照 2019-08-11）.

原文献：山﨑久道．商用文献データベースに適用される検索モデルの評価－検索者の視点からの考察－．中央大学社会科学研究所年報．2017．第 22 号，p.69-84.

［指示的抄録の例］
文献データベースを対象にした主題検索に使用される Boolean logic model，ベクトル空間モデル，確率モデルの３つの検索モデルについて，検索者による検索予見性と検索モデルの適応性について比較評価した。

［報知的抄録の例］
文献データベースを対象にした主題検索に使用される Boolean logic model，ベクトル空間モデル，確率モデルの主要な３つの検索モデルについて，その手法の変遷と特徴を比較評価し，検索における予見可能性について考察した。３つのモデルのうち，Boolean logic model は他のモデルに比べて検索過程が分かりやすく，検索結果を評価しやすいという点で，検索者の予見性を高く担保できるシステムであると考えられた。一方，Boolean logic model は検索式作成の困難さ，ランキング機能の欠如，適合か不適合の二元論的分割などの問題点がある。そこで，Boolean logic model とランキング方式（ベクトル空間モデルと確率モデル）の優劣を，(1)一般的な検索例と(2)学術やビジネスの検索例に分け，網羅的な調査と適切な事例の抽出の観点から，その適応性を比較検討した。結論として，検索要求により検索モデルを使い分ける検索システムが望ましいが，現行ではほとんど顧慮されていない。今後は，検索技術者，システム開発者，研究者がそれぞれの立場から，将来あるべき検索システムの姿を明確にしてゆくことが重要である。

8-2図 同一文献に対する指示的抄録の例と報知的抄録の例（抄録作成 原田智子）

て書かれた抄録であり，187ページの 8-1 図の⑨抄録がその例である。論文や記事の本文と同時に作成され，これらと共に掲載される。これには，内容を一番良く知っている著者が作成し，作成費用がかからないという利点がある。反面，客観性に欠けたり，著者が読者に知らせたいことだけを強調しすぎたり，書き慣れないために文章の構成が悪い場合もある。すなわち，その質に難点のあるものも多いということである。

2第三者抄録 「第三者抄録（professional abstractor's abstract）」は，著者

以外の人によって書かれた抄録のことをいい，8-2図はその例である。多く
の場合，その主題の専門分野の人で，「抄録作業」技術を修得している人々が
作成する。記事索引データベースの作成機関では，経験豊かな抄録作業者が抄
録作業マニュアルに従って作成するため，内容的にも客観性があり，文体や構
成のよい質の高い抄録が得られる。しかし，主題に精通した優れた抄録作業者
の人材確保が難しい，費用と時間がかかるという問題点もある。

c．書き方による種類

■1構造化抄録　「構造化抄録（structured abstract）」は，論文の研究目的
（purpose/objective），方法（methods），結果（results），結論（conclusion）
について，原文献の内容を項目に分けて記載する抄録[12]で，特に医学文献では
この様式を推奨している。図書館情報学分野の雑誌でも，三田図書館・情報学
会が発行する『Library and Information Science』誌は構造化抄録を採用して
いる。構造化抄録は原著論文の抄録に向いており，項目別に記載されているた
め読みやすい。次ページの8-3図は，構造化抄録の例を示している。

■2非構造化抄録　「非構造化抄録（non-structured abstract）」は，原文献で
は，目的，方法，結果，結論というように記述されていても，抄録作業におい
て目的，方法などの項目を出して書かない抄録で，通常段落も設けず追込み式
で文章が作成される。一般にはこの書き方が多い。

d．掲載場所による種類

■1同所抄録　「同所抄録（homotopic abstract）」とは，原文献と一緒に掲載
される抄録のことをいう。多くの場合，標題と本文の間に位置するが，要約
（summary）という場合には，本文の後に位置していることもある。著者抄録
は，同所抄録として原文献と同時に発表される。

■2非同所抄録　「非同所抄録（heterotopic abstract）」は，原文献と切り離
して掲載される抄録で，同所抄録以外のすべての抄録をいう。抄録誌やデータ
ベース，雑誌の関係論文紹介欄，企業内や機関内で作成される抄録集などに掲
載される。このときは，必ず書誌データと共に記載される。

12：Cleaveland, Donald S. and Cleaveland, Ana D. "Chapter 9 Abstracts". Intro-
　　duction to Indexing and Abstracting. Fourth Edition, Libraries Unlimited, 2013,
　　p.130-136. 指示的抄録，報知的抄録，構造化抄録などについて述べられている。

原文献：原田智子. ハイブリッドライブラリー時代のレファレンスサービス
　　　　に呼応する司書養成教育. 鶴見大学紀要 第4部 人文・社会・自然科
　　　　学編. 2008. 45号, p. 77-88.

目的：紙メディアと電子メディアが共存するハイブリッドライブラリー時代の
　　　レファレンスサービスに必要な司書養成教育の内容について検討する。

方法：司書講習受講生104名および司書資格取得を目指している大学生211名
　　　の計315名を対象に, 司書が持っているべき知識と技術, デジタルレフ
　　　ァレンスサービスの利用について, 無記名式のアンケート調査を実施
　　　した。

結果：90％以上の回答者が, レファレンスサービス, 情報検索, データベー
　　　スの利用に関する技術が重要であり, データベース検索技術, レファ
　　　レンスサービス技術, コミュニケーション技術が重要であると考えて
　　　いた。リンク集の利用経験者が66％, Q&A あるいは FAQ の利用経験
　　　者が60％である一方, 電子メールレファレンスやレファレンス事例デ
　　　ータベースの利用経験者は少なく, 今後利用したいという希望者が多
　　　かった。レファレンスツールについては記録メディアにこだわらず,
　　　レファレンス質問の内容に応じて適切なメディアを使用すべきである
　　　と考えていた。ハイブリッドライブラリー時代では, メディアや情報
　　　要求の多様化, 自宅からの OPAC の利用やレファレンスサービスの利
　　　用について, 紙メディア時代と異なると考えていることが明らかにな
　　　った。

結論：現状ではデータベースならびにデータベース構築法, ウェブサイトや
　　　リンク集作成などの情報発信に関する知識や技術に対する意識が低い
　　　傾向にある。その一因として現行（1996年制定・公布）の図書館法施
　　　行規則にあげられている「情報機器論」が１単位ではコンピュータに
　　　関する知識や技術の習得が不十分であると考えられる。今後はデジタ
　　　ルレファレンスサービスが進展すると考えられるので, 図書館学を核
　　　としながら, 情報学やコミュニケーション技術の学習強化をはかるべ
　　　きである。

8-3図　構造化抄録の例 （抄録作成 原田智子）

（3）抄録の機能

　同所抄録は，読者がその論文の本文を読む前に，この論文には何が書かれているのかをおおまかに把握できるようにする機能をもっている。一方，記事索引データベースに収録されている非同所抄録は，検索された文献の適合性の判断を的確にできるようにする機能をもっている。

　指示的抄録は，原文献の概要を簡単に知るにとどまっている。一方，報知的抄録は原文献の内容が詳細に記述されているため，原文献の入手の判断をより的確に行える機能をもっている。

3．索引作業と抄録作業

（1）索引作業

　ここでは，雑誌論文や記事，新聞記事の1論文あるいは1記事を対象として行う「索引作業（indexing）」について述べる。記事索引における索引作業は，4章3節で述べた「網羅的索引法（exhaustive indexing）」と4章6節で述べた「事後結合索引法（post-coordinate indexing）」の両者によって行われる[13]。したがって，中心的な主題のほかに，副次的，もしくは周辺的な主題まで含めて主題を導き出され，これらに対しても索引語が付与され，索引語は検索要求が生じるまで結合されない（187ページの8-1図の⑩から⑫を参照）。

　論文や記事の作成時に著者が索引語を付与することも多いが，著者抄録と同様な理由から，質の問題が生じることがある。一方，記事索引データベース作成機関では，トレーニングを受けた「索引作業者（indexer）」が索引作業マニュアルに基づいて索引語を付与するので，索引の品質が一定に保たれる。

　記事索引データベースが扱う主題分野は，医学，物理学，工学，農学などと限定されている場合が多く，索引作業者には主題専門知識が必要である。しか

13：この点，図書館の目録が「要約法（summarization）」と「事前結合索引法（pre-coordinate indexing）」を採用しており，対照的である。なおこれらについても，それぞれ，4章3節および4章6節を参照されたい。

し，大宅壮一文庫が作成するWeb-OYA bunko (大衆雑誌の記事を収録している) や新聞記事の場合は，扱う主題範囲は広くなるので，索引作業者には幅広い知識が求められる。

　索引作業は必ず原文献を手元において行う。一般的な留意事項として，緒方良彦は以下の項目をあげている[14]。

　　①普遍性・客観性に留意する。

　　②作業の一貫性を保つ。

　　③マニュアル等を遵守する。

　　④インデックス[15]の広さ，深さに留意する。

　　⑤オーバー・インデックスに注意する。

　以上，索引の不統一 (ばらつき) をなくすことに心がけ，広さ (網羅性) と深さ (特定性) に留意する。広さとは主題を構成している重要な概念を漏れなく索引することで，深さとは文献が述べている内容と同レベルの索引語を付与することをいう[16]。オーバー・インデクシングとは過剰インデクシングのこと (つまり過剰に索引語を付与すること) である。文献に述べられている中心的な主題や副次的，もしくは周辺的な主題を表す索引語を付与し，これらとは関係のない検索ノイズ (不要情報) になるような内容については，索引語を付与しないことが重要である。

（2）抄録作業

　「抄録作業 (abstracting)」は，既述のように，原文献の記事の内容を主題分析して，主題要素を抽出して文章形式にまとめる作業である。抄録の書き方については，「ISO214：1976 Documentation-Abstracts for publications and

---

14：緒方良彦. インデックス：その作り方・使い方：データベース社会のキー・テクノロジー. 3版, 産能大学出版部, 1991, p.119-121.

15：緒方良彦は，前掲注14の p.43で，「インデックスとは，情報内容の主題分析によって抽出された主題要素に対して，インデックス言語を付与すること，または，付与した結果を所定の順序に配列したもの」と定義している。インデックス言語は，本書でいう索引語のことである。

16：これについては，件名規程の文脈ではあるが，6章5節3項aで「特定記入の原則」として取り上げている。

documentation」に基づいて作成された「SIST 01：抄録作成」に一般的留意事項として，8−1表に示す14項目があげられている[17]。なお，表中の番号は，「SIST 01：抄録作成　4．抄録の書き方」に記載されている番号である。

8−1表　抄録作業における一般的留意事項「SIST 01：抄録作成」

留意する点と抄録に含める事項	抄録には含めない事項
(1)客観的に書く。	(3)常識的な内容は排除する。
(2)著者が読者に伝えたい内容を重点的にとりあげる。	(5)標題の内容の繰返しは避ける。
	(6)一人称は使わない。
(4)簡潔で明確な表現をする。	(8)図・表・数式番号の引用はしない。
(7)主題の取り扱い方を明示する。	(14)図・表は原則として使用しない。
(9)原則として，原記事で使われている専門用語を使う。	
(10)略語，略称，略号は，初めて出てくる箇所で説明を加える。	
(11)単位記号，量記号は，原記事に使用されているとおりに使用する。	
(12)商品名は，内容の理解に不可欠な場合に限り使用してよい。	
(13)数式，化学式は使用してもよい。	

4．原文献入手におけるデータベースと電子ジャーナルのリンク技術

　OPACや有料あるいは無料の記事索引データベースで検索した結果から，リンク機能を利用して原文献を入手することができるようになってきた。

　次ページの8−4図には，「CiNii Articles」[18]で検索した結果から原文献の電子論文を入手するまでのプロセスを示している。この事例では，「CiNii Articles」のフリーワード欄の検索ボックスに「大学図書館　電子ジャーナル」を

17：前掲注8参照。
18：国立情報学研究所（National Institute of Informatics：NII）が提供している国内の雑誌論文や記事を収録する雑誌記事索引データベース。

① ［CiNii Articles の検索結果一覧リスト］

8-4図 CiNii Articles で検索した結果から原文献の電子論文入手までのプロセス

入力し，「本文あり」に限定して検索した結果得られた一覧リストが8-4図の中の①（左上）のスクリーン画面である。検索結果一覧リストの書誌データの最後の部分に，1件目と2件目の文献には J-STAGE というアイコンが示されている。2件目の J-STAGE のアイコンをクリックすると，リンク先の②（右下）の「J-STAGE」の画面に飛ぶ。利用者は書誌データを確認した後，画面右上の赤い PDF ダウンロード というアイコンをクリックすると，③（左下）の原文献の電子論文を見ることができる。すなわち，電子論文としての原文献を閲覧・ダウンロードできるようになる。なお，無料で本文を閲覧・ダウンロードできる，いわゆるオープン・アクセスと呼ばれるものもあるが，有料のものもあるので，注意が必要である。

　一方，大学図書館がリンクリゾルバの契約を結んでいる場合は，8-4図に示した「OpenURL」と「リンクリゾルバ（link resolver）」を経由して原文献

を見ることができる。ここには「OpenURL」「リンクリゾルバ」「デジタルオブジェクト識別子（Digital Object Identifier：DOI）」などのリンキング・システムが介在している。リンキング・システムとは，利用者がアイコンをクリックするだけでウェブ上の情報資源にたどれるように，あらかじめ記事索引データベースと情報資源をリンクによって結びつけている仕組みのことである。

（1）OpenURL

OpenURL は，米国情報標準化機構（National Information Standard Organization：NISO）の AX 委員会（Committee AX）によって策定され，論文の所在情報を URL 化したものである。OpenURL は，固定的な URL ではなく常に変動はするが，その中に絶対に変わることのない論文の書誌データ（論文タイトル，著者名，雑誌名，ISSN，巻号ページなど）のメタデータや DOI 情報を埋め込んでいる URL のことである[19]。

（2）リンクリゾルバ

有名なリンクリゾルバには，「SFX」や「360Link」などがある。大学図書館が契約を結んでいれば，「CiNii Articles」で検索した結果に「SFX」や「360Link」のアイコンが表示される。例えば「360Link」のアイコンをクリックすると，この文献の OpenURL がリンクリゾルバに送られ，リンクリゾルバが URL を解読して，原文献の該当ウェブページが表示される。リンクリゾルバとは，「利用者が必要とするデジタル資料に対する最も有効なパス（アクセス経路）を示すしくみのこと。各種文献データベース，電子ジャーナル，OPAC，機関リポジトリなどを相互にリンクさせ，書誌データベースや OPAC の検索結果から必要な文献をスムーズに入手できるよう支援するシステム」のことである[20]。

上の定義はデジタル資料を意識しているが，実際には，リンクリゾルバは電

19：松下茂．J-STAGE セミナー：OpenURL とリンクリゾルバーがもたらした研究情報サービス．情報管理．2007，vol.50，no.9，p.550-557，https://www.jstage.jst.go.jp/article/johokanri/50/9/50_9_550/_pdf/-char/ja，（参照 2019-08-12）．

20："リンクリゾルバ"．図書館情報学基礎資料．今まど子・小山憲司編著．第 3 版，樹村房，2020，p.130.

子ジャーナルが存在しない場合でも，図書館相互貸借（ILL）依頼フォームや
OPACなどへも誘導してくれ，印刷物での入手へ導く機能も有している。そ
のため，リンクリゾルバという仕組みは多くの大学図書館などで導入されている。

（3）DOI

　DOIはウェブ情報資源におけるURLのリンク切れを防ぐために考えられた
永続的に使用できる識別子で，国際標準「ISO26324：2012 Information and
documentation － Digital object identifier system」となっている。

　電子ジャーナルに掲載されている論文などは，搭載しているサーバが引越し
を行ったりするとURLが変わり，リンク切れを起こしてしまう。そこでリン
ク切れを起こさないように永続的なアクセスを保障するのがDOIである。
DOIは196ページの8-4図に示したように，https://doi.org./ で始まり，その
次に各機関に「国際DOI財団（International DOI Foundation：IDF）」から
与えられた固有の番号prefix（プレフィックス）と各機関が独自に発行する
suffix（サフィックス）で構成される。8-4図では，「10.20722」が「大学図
書館研究」の発行機関である国公私立大学図書館協力委員会の番号（prefix）
であり，「／」の後ろの「jcul.2031」が「大学図書館研究」に掲載された8-4
図に示した論文の番号（suffix）である。国際DOI財団から各機関に固有番号
を与えることを認可された機関は現在，世界で10機関あり，米国の「Crossref」[21]
が有名で，日本には「ジャパンリンクセンター（Japan Link Center：JaLC）」
がある。ジャパンリンクセンターは，国立国会図書館，国立情報学研究所，科
学技術振興機構，物質・材料研究機構の4機関が共同運営体となって2012年に
設立されたDOI登録機関である。

5．学術論文の引用・被引用の関係と引用文献索引

　これまで述べてきた以外の情報資源組織の方法に，学術論文における引用・
被引用関係を組織するという方法がある。学術論文[22]では，研究内容に関わる

21：正式にはCrossrefと表記するが，CrossRefと表記している文献等も多い。
22：学術論文は文献の一種であるが，引用文献索引で扱う文献は学術論文を対象としている。

参考文献や引用文献を論文の最後に一覧リストとして記載する。「引用（cita-tion）」とは、「自己の著作物中に他人の著作物の一部を挿入して使用すること」である[23]。「引用文献（citation）」[24]は、「文献Aにおいて、文献Bの文章や図・表など、何らかの表現や情報を利用し、その出典を文献中に示した場合、文献Bを文献Aの引用文献と呼ぶ」と定義される[25]。「引用文献索引（citation index）」は、「特定の文献を検索する際、その文献に記載された引用文献の書誌的記述を検索の手がかりとする索引。引用索引ともいう」と定義される[26]。

引用文献索引データベースを利用すると、ある着目した文献（これを文献Aとする）を出発点として、次の3種類の文献の存在を知ることができる。

①文献Aが引用した先行研究の文献……つまり、文献Aによって引用された文献（被引用文献）を知ることができる。このとき、文献Aは引用文献（cit-ing literature）と呼ばれる。

②文献Aと類似の主題を持つ、文献Aが発行された以降に発表された文献……つまり、文献Aを引用している文献を知ることができる。このとき、文献Aは被引用文献（cited literature）と呼ばれる。文献Aが発行された以降に、文献Aが扱っている主題と同じあるいは類似内容の研究動向や発展状況を知ることができる。

③文献Aと主題の観点から潜在的に関連の深い文献……つまり、文献Aと同じ文献を共通して引用している文献は、主題の観点から関連が深い文献と考えられる。

引用文献索引データベースを利用すると、文献の引用・被引用関係から主題内容の類似性や関連性を発見できるメリットがある。棚橋は、「従来のキーワード検索による文献検索に加えて、論文そのものをキーとして文献検索できる手段は、キーワードの特定されていない先端研究で非常に有効である。引用索引は過去の文献へのリンク、未来の論文へのリンク、と論文を主体とするリン

23：図書館用語辞典編集委員会. 最新図書館用語大辞典. 柏書房, 2004, p.18.
24：「引用」の英語も「引用文献」の英語も "citation" であるが、"citation" にはこの両義があると、一応理解されたい。
25：日本図書館情報学会用語辞典編集委員会. 図書館情報学用語辞典. 丸善出版, 2013, p.13.
26：前掲注25参照。

ク関係を特定することを可能にした」と述べている[27]。

　引用文献索引では，「論文の末尾にある引用文献の第一著者，刊行年，雑誌名，巻号，開始ページを索引化」している[28]。これにより，引用文献と被引用文献の関連づけがなされる。この仕組みを考案したのはガーフィールド（Eugene Garfield）で，1964年に引用文献索引誌である『Science Citation Index (SCI)』をはじめて作成した[29, 30]。現在では発行当初『SCI』が対象としていた自然科学分野のほか，社会科学分野および人文科学分野も網羅した「Web of Science Core Collection」が引用文献索引データベースとして世界中の研究者に利用されている。

　このほか，現在わが国で作成される記事索引データベースでも「CiNii Articles」「J-STAGE」「JSTPlus」で引用・被引用文献の検索が可能であり，海外では「Google Scholar」や「Derwent Patents Citation Index」でも引用・被引用文献の検索が可能になっている。

27： 棚橋佳子. 科学技術イノベーションに関わる情報事業の変遷(1)：Citation Index の誕生秘話. 薬学図書館. 2019, vol.64, no.4, p.177.
28： 小松三蔵. Science Citation Index (SciSearch) の活用 (I) 引用文献調査と引用評価. 情報管理. 1997, vol.40, no.3, p.206, https://www.jstage.jst.go.jp/article/johokanri/40/3/40_3_200/_pdf/-char/ja, （参照 2019-09-19）. 小松は，索引化ということばを使用しているが，索引化とはこれらの第一著者，刊行年，雑誌名，巻号，開始ページをアクセス・ポイントとして採用することを意味する。
29： Garfield, Eugene.The evolution of the Science Citation Index. International Microbiology. 2007, vol.10, p.65, http://citeseerx.ist.psu.edu/viewdoc/download?doi=10.1.1.79.2900&rep=rep1&type=pdf, (accessed 2019-11-17).
30： 前掲注27, p.175参照。

参考文献

飯野勝則. 図書館を変える！ウェブスケールディスカバリー入門. 出版ニュース社, 2016, 270p.

鹿島みづき訳. "MODS：メタデータオブジェクトディスクリプションスキーマ". ライブラリシステム研究会. http://project.lib.keio.ac.jp/libsys/doc/MODS_001.pdf, （参照 2020-03-09）.

蟹瀬智弘. NDC への招待：図書分類の技術と実践. 樹村房, 2015, 293p.

兼岩憲. セマンティック Web とリンクトデータ. コロナ社, 2017, 229p.

川村敬一. サブジェクト・インディケーション：主題表示におけるエリック・コーツの寄与. 日外アソシエーツ, 1988, 283p.

神崎正英. セマンティック・ウェブのための RDF/OWL 入門. 森北出版, 2005, 224p.

神崎正英. メタ情報とセマンティック・ウェブ. http://www.kanzaki.com/docs/sw/, （参照 2020-03-09）.

小林康隆編著, 日本図書館協会分類委員会監修. NDC の手引き：「日本十進分類法」新訂 10版入門. 日本図書館協会, 2017, 208p. （JLA 図書館実践シリーズ；32）.

谷口祥一, 緑川信之. 知識資源のメタデータ. 第 2 版, 勁草書房, 2016, 280p.

Chan, Lois Mai；上田修一［ほか］訳. 目録と分類. 勁草書房, 1987, 418p.

中尾佐助. 分類の発想：思考のルールをつくる. 朝日新聞社, 1990, 331p.

長田秀一. 知識組織化論：利用者志向のアプローチ. サンウェイ出版, 2007, 263p.

中村幸雄. 情報検索理論の基礎：批判と再検討. 共立出版, 1998, 300p.

日本図書館協会件名標目委員会編. 基本件名標目表. 第 4 版, 日本図書館協会, 1999, 2 冊.

日本図書館協会分類委員会編. 日本十進分類法. 新訂10版, 日本図書館協会, 2014, 2 冊.

日本図書館協会目録委員会編. 日本目録規則. 2018年版, 日本図書館協会, 2018, 761p.

藤倉恵一. 日本十進分類法の成立と展開：日本の「標準」への道程1928-1949. 樹村房, 2018, 310p.

丸山昭二郎編. 主題情報へのアプローチ. 雄山閣, 1990, 267p.

丸山昭二郎［ほか］. 主題組織法概論：情報社会の分類／件名. 紀伊國屋書店, 1986, 224p.

丸山昭二郎, 丸山泰通編. 図書分類の記号変換：DDC, LCC, NDC. 丸善, 1984, 222p.

緑川信之. 本を分類する. 勁草書房, 1996, 224p.

Mills, J.；山田常雄訳. 現代図書館分類法概論. 日本図書館研究会, 1982, 193p.

ミルズ, ジャックほか著；田窪直規監訳. 資料分類法の基礎理論. 日外アソシエーツ, 1997, 309p.

吉田政幸. 分類学からの出発：プラトンからコンピュータへ. 中央公論社, 1993, 200p.

Riva, Pat and Bœuf, Patrick Le and Žumer, Maja；和中幹雄, 古川肇 訳者代表. IFLA 図書館参照モデル：書誌情報の概念モデル. 樹村房, 2019, 104p.

［資料］　　　　NCR2018によるデータ作成事例

　2章で扱った『日本目録規則2018年版（NCR2018）』によるデータ作成事例を示す。以下の点に留意したうえで，本書の説明を理解する参考とされたい。

- 本書刊行時点でNCR2018を採用している機関はまだほとんどないため，実際に作成されている事例ではない。
- FRBRモデルの実体ごとにデータを作成することを想定し，記述の例を示した。2章4節1項bで述べたように，著作・表現形・体現形の属性をまとめて書誌データに格納するなど，本事例とは異なった運用方法も想定される。
- 体現形の記述をまず示し，続いてその体現形が属する表現形および著作の記述，さらに著作等に関連を有する個人等の記述を示した。個別資料および主題を表す実体については，他の実体からの関連も含め，省略した。
- 属性のエレメントと関連のエレメントに分けて示した。エレメント名の欄にコロン（：）を用いている場合は，コロンの前がエレメント名，後が下位エレメント（サブエレメント等）である。
- 関連の記録には，関連の詳細な種類を表す「関連指示子」を用いる場合がある。その場合は，関連指示子を冒頭に記し，関連先の実体の典拠形アクセス・ポイント等との間をコロンで区切った。
- 体現形以外の実体については，最終行に典拠形アクセス・ポイントを示した。異形タイトル・異形名称を元に，必要に応じて異形アクセス・ポイントを構築するが，これは省略した。
- 読みの前に付した二重縦線（‖）など，いくつかの種類の区切り記号を用いている。NCR2018は原則として区切り記号等の記述文法を規定していないので，データ中の区切り記号は便宜的なものと理解されたい（慣習的によく使われる記号を用いている）。

事例1：『グレート・ギャツビー』（図書）

　フィッツジェラルド（Francis Scott Fitzgerald）の小説『The Great Gatsby』の，村上春樹による翻訳版である。この著作には訳者が異なる複数の日本語版があり，訳文が異なるだけでなく，タイトルも『偉大なギャツビー』『華麗なるギャツビー』などさまざまである。また，村上春樹による翻訳も「愛蔵版」など複数の版があり，ここでは「村上春樹翻訳ライブラリー」というシリーズに収録された版を取り上げる。

〈体現形〉

	エレメント	
属性	タイトル：本タイトル	グレート・ギャツビー
	責任表示：本タイトルに関係する責任表示	スコット・フィッツジェラルド著

属性 （続）	責任表示：本タイトルに関係 する責任表示	村上春樹訳
	版表示：版次	初版
	出版表示：出版地	東京
	出版表示：出版者	中央公論新社
	出版表示：出版日付	2006. 11. 10
	シリーズ表示：シリーズの本 タイトル	村上春樹翻訳ライブラリー
	シリーズ表示：シリーズに関 係する責任表示	村上春樹訳
	刊行方式	単巻資料
	機器種別	機器不用
	キャリア種別	冊子
	数量	356 p
	大きさ	18 cm
	体現形の識別子	ISBN4-12-403504-7
	入手条件	820円（税別）
関連	体現形から表現形への関連	Fitzgerald, Francis Scott, 1896-1940. The great Gatsby. 日本語（村上春樹）
	体現形間の関連	上位（体現形）：村上春樹翻訳ライブラリー. ── 東京：中央公論新社，2006-

- NCR2018には，「別法」ないし「任意規定」という形で，「本則」（基本的な方式の規定）とは異なる方式をも示した条項があり，その場合は方式の選択がデータ作成機関（図書館等）に委ねられる。例えば本例では「版次」として「初版」，「出版日付」として年月日を，いずれも奥付を情報源として記録している。これは本則の規定に基づくが，版次については初版の場合は記録しないとの別法が，出版日付については年または年月の記録にとどめるという任意規定があり，これらを採用する機関も多いと思われる。
- 「体現形間の関連」として，上位の書誌レベルの体現形との関連を記録している。体現形には典拠形アクセス・ポイントを作成しないため，「構造記述」と呼ばれる方式で記述している。この方式のほか，何らかの識別子（書誌データ ID など）を用いた関連づけも可能である。

〈表現形〉

	エレメント	
属性	表現種別	テキスト
	表現形の日付	2006

属性 （続）	表現形の言語	日本語
	表現形のその他の特性	村上春樹
	付加的内容	付：訳者あとがき
関連	表現形から著作への関連	Fitzgerald, Francis Scott, 1896-1940. The great Gatsby
	寄与者	訳者：村上，春樹 ‖ ムラカミ，ハルキ，1949 –
典拠形アクセス・ポイント		Fitzgerald, Francis Scott, 1896-1940. The great Gatsby. 日本語（村上春樹）

- 翻訳は原語（英語）版とは異なる表現形なので，表現形に対する典拠形アクセス・ポイントに「日本語」を含めている。また，前述のようにこの著作には村上春樹以外による翻訳も存在し，訳文は訳者によって違うので，それぞれ異なる表現形とみなす。このため，訳者名も典拠形アクセス・ポイントに含めて区別している。

〈著作〉

	エレメント	
属性	著作の優先タイトル	The great Gatsby
	著作の異形タイトル	グレート・ギャツビー ‖ グレート・ギャツビー
	著作の異形タイトル	偉大なギャツビー ‖ イダイナ　ギャツビー
	著作の異形タイトル	華麗なるギャツビー ‖ カレイナル　ギャツビー
	著作の形式	小説
	著作の日付	1925
	著作の識別子	VIAF ID：186355688
関連	創作者	著者：Fitzgerald, Francis Scott, 1896-1940
	著作間の関連	映画化（著作）：The great Gatsby（映画：2013）
典拠形アクセス・ポイント		Fitzgerald, Francis Scott, 1896-1940. The great Gatsby

- NCR2018の本則に従い，原語のタイトルを優先タイトルとした。日本語のタイトルを採用する別法もある。
- 「著作間の関連」として，本小説を原作とする映画化作品について記録した。映画の場合，映画監督等を創作者とはみなさない規定のため，著作に対する典拠形アクセス・ポイントに創作者を含まない。また，本小説は何度か同一タイトルで映画化されているが，それらは別々の著作とみなすため，典拠形アクセス・ポイントに著作の日付（2013）を含めている（ということは，他の映画化作品も「著作間の関連」として記録できるが，本事例では省略した）。

〈個人1〉

	エレメント	
属性	個人の優先名称	Fitzgerald, Francis Scott
	個人の異形名称	フィッツジェラルド，フランシス　スコット
	個人の異形名称	フィッツジェラルド，スコット
	個人の異形名称	Fitzgerald, F. Scott
	個人の異形名称	フィッツジェラルド，F．スコット
	個人と結びつく日付：生年	1896
	個人と結びつく日付：没年	1940
	個人の識別子	国立国会図書館典拠 ID：00439644
典拠形アクセス・ポイント		Fitzgerald, Francis Scott, 1896-1940

- NCR2018の本則に従い，英語の原綴形を優先名称とした。片仮名形を採用する別法もある。
- 優先名称のみで他の個人等と判別できれば（つまり，同姓同名の個人がいなければ），必ずしも生年・没年を典拠形アクセス・ポイントに含める必要はない。しかし，将来的な識別性などを考え，容易に判明すればなるべくアクセス・ポイントに含めるという運用をとる機関も多く，本事例でもその方式をとった。

〈個人2〉

	エレメント	
属性	個人の優先名称	村上，春樹 ‖ ムラカミ，ハルキ
	個人の異形名称	Murakami, Haruki
	個人の異形名称	村上，春樹
	個人と結びつく日付：生年	1949
	個人の識別子	国立国会図書館典拠 ID：00104237
典拠形アクセス・ポイント		村上，春樹 ‖ ムラカミ，ハルキ，1949-

事例2：『焼跡からのデモクラシー』（図書）

　上下巻に分けて出版された図書（複数巻単行資料）である。2020年現在，岩波現代全書以外の版はなく，改訂版も刊行されていないため，本著作を具体化した表現形，体現形は，それぞれ一つしかない。著作の過半はこのような状態（1著作，1表現形，1体現形）であると言われている。

〈体現形〉

	エレメント	
属性	タイトル：本タイトル	焼跡からのデモクラシー
	タイトル：タイトル関連情報	草の根の占領期体験
	責任表示：本タイトルに関係する責任表示	吉見義明
	出版表示：出版地	東京
	出版表示：出版者	岩波書店
	出版表示：出版日付	2014. 3. 18
	シリーズ表示：シリーズの本タイトル	岩波現代全書
	シリーズ表示：シリーズ内番号	025-026
	刊行方式	複数巻単行資料
	機器種別	機器不用
	キャリア種別	冊子
	数量	2 冊（xviii, 239；viii, 256 p）
	大きさ	19 cm
	体現形の識別子	ISBN978-4-00-029125-5（上）
	体現形の識別子	ISBN978-4-00-029126-2（下）
	入手条件	各2300円（税別）
関連	体現形から表現形への関連	吉見, 義明 || ヨシミ, ヨシアキ, 1946-. 焼跡からのデモクラシー || ヤケアト　カラノ　デモクラシー. 日本語
	体現形間の関連	上位（体現形）: 岩波現代全書.　― 東京：岩波書店, 2013 －

〈表現形〉

	エレメント	
属性	表現種別	テキスト
	表現形の日付	2014
	表現形の言語	日本語
関連	表現形から著作への関連	吉見, 義明 || ヨシミ, ヨシアキ, 1946-. 焼跡からのデモクラシー || ヤケアト　カラノ　デモクラシー

| 典拠形アクセス・ポイント | 吉見，義明｜｜ヨシミ，ヨシアキ，1946-. 焼跡からのデモクラシー｜｜ヤケアト　カラノ　デモクラシー. 日本語 |

- NCR2018では，本事例に示した「体現形から表現形」「表現形から著作」の各関連に加えて，「体現形から著作への関連」のエレメントも設けており，表現形を飛ばして体現形と著作を直接関連づけることもできる。事例2のように一つの表現形しかもたない著作の場合は，著作に対する典拠形アクセス・ポイントに加えて表現形に対するアクセス・ポイントを管理する意義が薄いため，あえてこれを管理せず，体現形と著作を直接関連づける方式が用いられるかもしれない。ただしその場合も，表現種別など表現形の属性のエレメントは，体現形の属性とともに管理するなどして，記録しておく必要がある。

〈著作〉

	エレメント	
属性	著作の優先タイトル	焼跡からのデモクラシー｜｜ヤケアト　カラノ　デモクラシー
	著作の日付	2014
関連	創作者	著者：吉見，義明｜｜ヨシミ，ヨシアキ，1946-
典拠形アクセス・ポイント		吉見，義明｜｜ヨシミ，ヨシアキ，1946-. 焼跡からのデモクラシー｜｜ヤケアト　カラノ　デモクラシー

〈個人〉

	エレメント	
属性	個人の優先名称	吉見，義明｜｜ヨシミ，ヨシアキ
	個人の異形名称	Yoshimi, Yoshiaki
	個人と結びつく日付：生年	1946
	個人の識別子	国立国会図書館典拠 ID：00804395
典拠形アクセス・ポイント		吉見，義明｜｜ヨシミ，ヨシアキ，1946-

事例3：『現代会社法入門』（図書）

　2007年に初版が刊行された後，数度の改訂が行われた著作で，記述対象は2015年刊行の第4版である。初版から一貫して，3名の著者による共著である。

〈体現形〉

	エレメント	
属性	タイトル：本タイトル	現代会社法入門
	タイトル：並列タイトル	Modern corporation law in Japan
	責任表示：本タイトルに関係する責任表示	北村雅史＋柴田和史＋山田純子
	版表示：版次	第4版
	出版表示：出版地	東京
	出版表示：出版者	有斐閣
	出版表示：出版日付	2015. 4. 10
	刊行方式	単巻資料
	機器種別	機器不用
	キャリア種別	冊子
	数量	xxx，389 p
	大きさ	22 cm
	体現形の識別子	ISBN978-4-641-13713-4
	入手条件	2900円（税別）
関連	体現形から表現形への関連	北村，雅史 || キタムラ，マサシ，1960-；柴田，和史 || シバタ，カズフミ，1954-；山田，純子 || ヤマダ，ジュンコ．現代会社法入門 || ゲンダイ　カイシャホウ　ニュウモン．日本語．2015

〈表現形〉

	エレメント	
属性	表現種別	テキスト
	表現形の日付	2015
	表現形の言語	日本語
	表現形のその他の特性	第4版
	付加的内容	付：参考文献，事項索引，判例索引
関連	表現形から著作への関連	北村，雅史 || キタムラ，マサシ，1960-；柴田，和史 || シバタ，カズフミ，1954-；山田，純子 || ヤマダ，ジュンコ．現代会社法入門 || ゲンダイ　カイシャホウ　ニュウモン

| 典拠形アクセス・ポイント | 北村，雅史 ‖ キタムラ，マサシ，1960-；柴田，和史 ‖ シバタ，カズフミ，1954-；山田，純子 ‖ ヤマダ，ジュンコ．現代会社法入門 ‖ ゲンダイ　カイシャホウ　ニュウモン．日本語．2015 |

- 改訂が行われた場合は，新たな表現形となる。第4版の表現形をそれまでの版と区別するため，この例では「表現形の日付」を典拠形アクセス・ポイントに含めた。

〈著作〉

	エレメント	
属性	著作の優先タイトル	現代会社法入門 ‖ ゲンダイ　カイシャホウ　ニュウモン
	著作の日付	2007
関連	創作者	著者: 北村，雅史 ‖ キタムラ，マサシ，1960 -
	創作者	著者: 柴田，和史 ‖ シバタ，カズフミ，1954 -
	創作者	著者: 山田，純子 ‖ ヤマダ，ジュンコ
典拠形アクセス・ポイント		北村，雅史 ‖ キタムラ，マサシ，1960-；柴田，和史 ‖ シバタ，カズフミ，1954-；山田，純子 ‖ ヤマダ，ジュンコ．現代会社法入門 ‖ ゲンダイ　カイシャホウ　ニュウモン

- 「著作の日付」は，初版の出版日付をとっている。
- NCR2018では，共著のように複数の創作者がある場合は，全創作者を列挙する方式を本則としており，この例はそれに従っている。別法として，最も主要な（あるいは最初の）ものに絞る方式も規定されている。

〈個人1〉

	エレメント	
属性	個人の優先名称	北村，雅史 ‖ キタムラ，マサシ
	個人と結びつく日付：生年	1960
	所属	京都大学．法学研究科
	個人の識別子	国立国会図書館典拠 ID: 00804395
典拠形アクセス・ポイント		北村，雅史 ‖ キタムラ，マサシ，1960 -

＊個人2（柴田和史），個人3（山田純子）については，省略

事例4：『日本図書館情報学会誌』（雑誌）

日本図書館情報学会が季刊（年4回）で刊行している学術雑誌である。もとは日本図書館学

会（日本図書館情報学会の前身団体）によって1954年に『図書館学会年報』として創刊され，1999年に現在の誌名に変更された。

〈体現形〉

	エレメント	
属性	タイトル：本タイトル	日本図書館情報学会誌
	タイトル：異形タイトル	Journal of Japan Society of Library and Information Science
	責任表示：本タイトルに関係する責任表示	日本図書館情報学会編集
	逐次刊行物の順序表示：初号の巻次	vol. 45, no. 1
	逐次刊行物の順序表示：初号の年月次	March 1999
	逐次刊行物の順序表示：初号の別形式の巻次	通巻137号
	出版表示：出版地	東京
	出版表示：出版者	日本図書館情報学会
	出版表示：出版日付	1999. 3. 30–
	頒布表示：頒布地	東京
	頒布表示：頒布者	紀伊國屋書店
	刊行方式	逐次刊行物
	刊行頻度	季刊
	機器種別	機器不用
	キャリア種別	冊子
	数量	冊
	大きさ	26 cm
	体現形の識別子	ISSN1344-8668
	入手条件	12000円（年間購読料）
	体現形に関する注記：タイトルに関する注記	並列タイトル追加: Journal of Japan Society of Library and Information Science（vol. 45, no. 2（July 1999）–）
	体現形に関する注記：出版表示に関する注記	出版地の変更あり

| 関連 | 体現形から表現形への関連 | 日本図書館情報学会誌 ‖ ニホン　トショカン　ジョウホウ　ガッカイシ. 日本語 |
| | 体現形間の関連 | デジタル化（体現形）：ISSN 2432-4027 |

- 逐次刊行物のタイトルに重要な変化があった場合は，新たな逐次刊行物が生まれたとみなして，変化前のものとは別の記述を作成する。
- 「逐次刊行物の順序表示」は，その逐次刊行物の初号と終号の巻次・年月次を記録するエレメントで，この例では継続刊行中のため初号（タイトル変化後の最初の号）の情報のみを記録している。下位のエレメントが細かく分かれているが，OPACでは「vol. 45, no. 1 = 通巻137号（March 1999）–」等，つなげた形で表示されることが多い（ハイフンの後ろに終号の情報が記録されていないので，継続刊行中と推測される）。
- 逐次刊行物では初号を「識別の基盤」とし，主要なエレメントは初号を情報源として記録する。初号にはなかった情報や後の号における変化は「注記」等を用いて記録している。
- 「体現形間の関連」として，事例5に取り上げる電子版（オンライン版）との関連を記録している。ここでは識別子（ISSN）を用いて記録した。

〈表現形〉

	エレメント	
	表現種別	テキスト
属性	表現形の日付	1999
	表現形の言語	日本語
	内容の言語	各論文に英語のタイトル，抄録あり
関連	表現形から著作への関連	日本図書館情報学会誌 ‖ ニホン　トショカン　ジョウホウ　ガッカイシ
	寄与者	編者：日本図書館情報学会 ‖ ニホン　トショカン　ジョウホウ　ガッカイ
典拠形アクセス・ポイント		日本図書館情報学会誌 ‖ ニホン　トショカン　ジョウホウ　ガッカイシ. 日本語

〈著作〉

	エレメント	
	著作の優先タイトル	日本図書館情報学会誌 ‖ ニホン　トショカン　ジョウホウ　ガッカイシ
属性	著作の日付	1999
関連	著作間の関連	継続前（著作）：図書館学会年報 ‖ トショカン　ガッカイ　ネンポウ
典拠形アクセス・ポイント		日本図書館情報学会誌 ‖ ニホン　トショカン　ジョウホウ　ガッカイシ

• 雑誌等の場合，収録された論文・記事はそれぞれ何らかの著作を具体化したものととらえられるが，それらとは別に，雑誌全体というまとまりでも著作が存在しているとみなす。なお，タイトル変更による前誌・後誌の関連は，体現形間ではなく著作間の関連としてとらえられる。

〈団体〉

	エレメント	
属性	団体の優先名称	日本図書館情報学会 || ニホン　トショカン　ジョウホウ　ガッカイ
	団体の異形名称	Japan Society of Library and Information Science
	団体と結びつく日付：設立年	1998
	沿革	1998年10月に日本図書館学会から名称変更
	団体の識別子	国立国会図書館典拠 ID：00694178
関連	個人・家族・団体と団体との関連	前身団体：日本図書館学会 || ニホン　トショカン　ガッカイ
典拠形アクセス・ポイント		日本図書館情報学会 || ニホン　トショカン　ジョウホウ　ガッカイ

事例5：『日本図書館情報学会誌』（電子ジャーナル）

　事例4の雑誌の電子版（オンライン版）で，科学技術振興機構（JST）の運営する電子ジャーナル・サイト「J-STAGE」上で公開されている。エンバーゴ（公表猶予期間）が発行後1年間と設定されており，その間はアクセスに購読者番号が必要である（1年経過の後は，オープン・アクセスとなる）。

〈体現形〉

	エレメント	
属性	タイトル：本タイトル	日本図書館情報学会誌
	タイトル：並列タイトル	Journal of Japan Society of Library and Information Science
	責任表示：本タイトルに関係する責任表示	日本図書館情報学会　［編］
	逐次刊行物の順序表示：初号の巻次	vol. 45, no. 1
	逐次刊行物の順序表示：初号の年月次	March 1999
	逐次刊行物の順序表示：初号の別形式の巻次	通巻137号

	エレメント	
属性 （続）	出版表示：出版地	［東京］
	出版表示：出版者	日本図書館情報学会
	出版表示：出版日付	1999. 3. 30 –
	刊行方式	逐次刊行物
	刊行頻度	季刊
	機器種別	コンピュータ
	キャリア種別	オンライン資料
	数量	オンライン資料 1 件
	デジタル・ファイルの特性： ファイル種別	テキスト・データ
	デジタル・ファイルの特性： デジタル・コンテンツ・フォーマット	PDF
	体現形の識別子	ISSN2432-4027
	アクセス制限	エンバーゴ 1 年間（発行後 1 年間はアクセスに購読者番号が必要）
	URL	https://www.jstage.jst.go.jp/browse/jslis/-char/ja
関連	体現形から表現形への関連	日本図書館情報学会誌 || ニホン　トショカン　ジョウホウ　ガッカイシ．日本語
	体現形間の関連	デジタル化の対象（体現形）：ISSN1344-8668

＊表現形，著作，団体は，事例 4 と同じ（省略）

事例 6：『放浪記』（録音資料）

　林芙美子の小説『放浪記』を，女優・藤田弓子が朗読した録音資料（CD）である。この作品の録音資料は，藤田弓子以外によるものも存在する。

〈体現形〉

	エレメント	
属性	タイトル：本タイトル	放浪記
	責任表示：本タイトルに関係する責任表示	林芙美子　［著］
	責任表示：本タイトルに関係する責任表示	藤田弓子 朗読

属性 (続)	出版表示：出版地	［東京］
	出版表示：出版者	新潮社
	出版表示：出版日付	［2011.6］
	シリーズ表示：シリーズの本 タイトル	新潮CD
	刊行方式	複数巻単行資料
	機器種別	オーディオ
	キャリア種別	オーディオ・ディスク
	数量	CD 2枚
	大きさ	12 cm
	録音の特性：録音の方式	デジタル
	録音の特性：録音の手段	光学
	体現形の識別子	ISBN978-4-10-830248-8
	入手条件	3000円（税別）
関連	体現形から表現形への関連	林，芙美子 || ハヤシ，フミコ，1903-1951. 放浪記 || ホウロウキ. 日本語. 話声（藤田弓子）
	体現形間の関連	上位（体現形）：新潮CD. ― 東京：新潮社

• いくつかのエレメントで用いている角括弧は，情報源からの転記を原則とする属性において，所定の情報源に表示がない情報を補って記したことを示す。NCR2018では，転記した情報との区別ができれば記録の方式は自由であるが，角括弧が慣習的によく用いられる。

〈表現形〉

	エレメント	
属性	表現種別	話声
	表現形の日付	2011
	表現形の言語	日本語
	表現形のその他の特性	藤田弓子
	収録の日付・場所：収録の日付	2011年2-3月
	所要時間	149分
関連	表現形から著作への関連	林，芙美子 || ハヤシ，フミコ，1903-1951. 放浪記 || ホウロウキ
	寄与者	ナレーター：藤田，弓子 || フジタ，ユミコ，1945-

典拠形アクセス・ポイント	林，芙美子 ‖ ハヤシ，フミコ，1903-1951．放浪記 ‖ ホウロウキ．日本語．話声（藤田弓子）

〈著作〉

	エレメント	
属性	著作の優先タイトル	放浪記 ‖ ホウロウキ
	著作の形式	小説
	著作の日付	1928
関連	創作者	著者: 林，芙美子 ‖ ハヤシ，フミコ，1903-1951
典拠形アクセス・ポイント		林，芙美子 ‖ ハヤシ，フミコ，1903-1951．放浪記 ‖ ホウロウキ

- この著作はたびたび舞台化・映画化・ドラマ化されており，事例1と同じようにそれら派生的な著作の情報を「著作間の関連」として記録することもできるが，省略した。

＊個人1（林芙美子）と個人2（藤田弓子）については，省略

さくいん

欧文さくいん

[シリーズ監修者]

高山正也　元国立公文書館館長
たかやままさや　慶應義塾大学名誉教授

植松貞夫　前跡見学園女子大学文学部教授
うえまつさだお　筑波大学名誉教授

[編集責任者・執筆者]

田窪直規（たくぼ・なおき）

大阪府に生まれる
図書館情報大学大学院博士課程修了
奈良国立博物館仏教美術資料研究センター
研究官を経て
現在　近畿大学教授（司書課程）
　　　博士（図書館情報学）
　　　著書，論文など多数

[執筆者]

飯野勝則（いいの・かつのり）

京都大学大学院文学研究科修士課程修了
西日本旅客鉄道株式会社，京都大学附属図
書館などを経て
現在　佛教大学図書館専門員，佛教大学非常勤講
　　　師
主著　『図書館を変える！ウェブスケールディス
　　　カバリー入門』（単著）出版ニュース社，
　　　「電子リソースデータの「共有」とその先
　　　に見えるもの：システム共同調達・運用へ
　　　の挑戦」『大学図書館研究』111，「「検索シ
　　　ステム」としての図書館ウェブサービスの
　　　デザイン」『情報の科学と技術』68(11)，
　　　ほか

原田智子（はらだ・ともこ）

学習院大学理学部化学科卒業
慶應義塾大学大学院文学研究科図書館・情
報学専攻修士課程修了
（財）国際医学情報センター業務部文献調
査課長，産能短期大学教授，鶴見大学文学
部教授，鶴見大学寄附講座教授を経て
現在　鶴見大学名誉教授
主著　『三訂 情報検索演習』（編著）樹村房，『改
　　　訂 レファレンスサービス演習』（共著）樹
　　　村房，『情報アクセスの新たな展開』（分担
　　　執筆）勉誠出版，『改訂 情報サービス演
　　　習』（編著）樹村房，『図書館情報学基礎資
　　　料 第3版』（共著）樹村房，『プロの検索
　　　テクニック』（編著）樹村房，『検索スキル
　　　をみがく』（編著）樹村房，ほか

小林康隆（こばやし・やすたか）

1953　東京都に生まれる
　　　神奈川大学外国語学部スペイン語学科卒業
　　　東京農業大学図書館，東京情報大学教育研
　　　究情報センターなどを経て
現在　前聖徳大学文学部准教授
主著　『改訂 情報資源組織演習』（分担執筆）樹
　　　村房，『NDCの手引：「日本十進分類法」
　　　新訂10版入門』（編著）日本図書館協会，
　　　ほか

山﨑久道（やまざき・ひさみち）

1946　東京都世田谷区に生まれる
1969　東京大学経済学部経済学科卒業
　　　株式会社三菱総合研究所，宮城大学，中央
　　　大学文学部教授を経て
現在　一般社団法人 情報科学技術協会会長
　　　博士（情報科学）東北大学
主著　『文献情報の蓄積・検索に利用されるファ
　　　セット分析に基づくシソーラスの開発に関
　　　する研究』（博士論文），『情報貧国ニッポ
　　　ン』日外アソシエーツ，ほか

渡邊隆弘（わたなべ・たかひろ）

1962　三重県に生まれる
1985　京都大学文学部史学科卒業
2003　大阪教育大学教育学研究科修士課程修了
　　　神戸大学附属図書館を経て
現在　帝塚山学院大学教授
主著　『改訂 情報資源組織演習』（分担執筆）樹
　　　村房，『新しい時代の図書館情報学』（分担
　　　執筆）有斐閣

現代図書館情報学シリーズ…9

三訂 情報資源組織論

2011年 4 月 4 日　初版第 1 刷発行
2015年 8 月10日　初版第11刷
2016年 3 月30日　改訂第 1 刷発行
2019年 3 月 5 日　改訂第 6 刷
2020年 3 月31日　三訂第 1 刷発行
2023年 1 月21日　三訂第 3 刷

著　　者 ⓒ 　規　則　隆　子
　　　　　　　直　勝　康　道
　　　　　　　窪　野　林　智　久　弘
　　　　　　　田　飯　小　原　山　﨑　渡　邊　隆

〈検印廃止〉

発　行　者　　大　塚　栄　一

発　行　所　　株式会社　樹村房
　　　　　　　　　　　　JUSONBO

〒112-0002
東京都文京区小石川5-11-7
電　話　　03-3868-7321
ＦＡＸ　　03-6801-5202
振　替　　00190-3-93169
https://www.jusonbo.co.jp/

印刷　亜細亜印刷株式会社
製本　有限会社愛千製本所

ISBN978-4-88367-339-1　乱丁・落丁本は小社にてお取り替えいたします。

高山正也・植松貞夫　監修　　**現代図書館情報学シリーズ**

[全12巻]

各巻Ａ5判　初版・改訂版 本体2,000円（税別）／三訂版 本体2,100円（税別）

▶本シリーズの各巻書名は，平成21(2009)年4月に公布された「図書館法施行規則の一部を改正する省令」で新たに掲げられた図書館に関する科目名に対応している。また，内容は，「司書資格取得のために大学において履修すべき図書館に関する科目の在り方について（報告）」（これからの図書館の在り方検討協力者会議）で示された〈ねらい・内容〉をもれなくカバーし，さらに最新の情報を盛り込みながら大学等における司書養成課程の標準的なテキストをめざして刊行するものである。

樹 村 房